공부는 왜 하는가

공부는
왜 하는가

장만채 지음

RHK
알에이치코리아

교육은
미래를 만드는 힘이다

 사람이 하는 일 중 가장 보람 있고 신성한 일은 사람들을 가르쳐서 깨우쳐주는 것이라는 어머님의 말씀이 좋은 교육자가 되어야겠다는 내 꿈의 시작이었다. 1985년 순천대학교 재료공학과 조교수를 시작으로 2006년 순천대학교 총장으로 부임할 때까지 어머니가 말씀하신 대로 타인을 가르치는 것을 기쁨으로, 깨닫게 해주는 것을 즐거움으로 여기며 살고자 했다. 하지만 마음 한구석에는 늘 해결되지 않은 답답함이 있었다. 그것은 패기와 열정을 잃어버린 학생들의 눈빛, 어디로 가야할지 모르는 채 어른이 되어가는 청춘들의 불안한 모습 때문이었다.

 순천대학교에서 학생들을 가르치며 나는 어떻게 하면 학생들에게 패기와 열정, 뚜렷한 목표의식을 갖게 해줄 것인가를 고민했다. 이것은 내가 처음 교단에 선 이래 줄곧 품어왔던 스승으로서의 사명감이었다. 이렇게 가르쳐 보고 저렇게 강의해 봐도 별로 달라지는 게 없다는 것을 느낀 나는 한참이 지난 후에야 교수로서는 한계가 있다는 것을 깨달았다. 이후 총장이 되어 과감한 학과개편을 추진했지만, 한번 형성된 학생들의 자아는 일시적이고 특별한 교육제도나 방법만으로는 바로 세울 수가 없었다. 이는 학생들이 사회를 인식하기 시작할 때부터 수년에 걸쳐 교육으로 길러지지 않으면 불가능한 일이었다. 그렇게 오랜 시간 '우리나라의 교육, 무엇이 변화되어야 하는가?'에 대한 고민은 계속되었고, 이는 전남도교육감 출마를 결정짓는 중요한 계기가 되었다.

사실 우리나라 교육의 문제점은 계속해서 드러났고 여전히 그 부작용이 이어지고 있지만 근본적인 원인을 찾으려는 노력은 그리 많지 않았다. 문제해결을 위한 시도는 계속되고 있지만 오랜 시간 한국 교육이 걸어온 발자취를 돌아보며 근본적인 원인을 찾아내는 것이 쉽지만은 않았다. 그렇다면 그 원인을 어디서 찾을 수 있을까? 교육자로서 내가 고민하여 얻은 결론은 '공부를 왜 하는가?'에 대한 가장 합리적인 대답이 학생과 학부모 나아가 우리 사회에 존재해야 한다는 것이다.

산업화시대를 거치며 학벌에 따라 직업이 바뀌고 수입의 수준이 달라지다 보니 우리나라는 지식위주의 교육, 출세위주의 교육에 더욱 매달리게 되었고 공부가 곧 입신양명의 일환으로 여겨졌다. 더 이상 지식의 양이 중요한 시대가 아님에도 불구하고 여전히 산업화 시대의 산물이라 할 수 있는 주입식 혹은 암기위주 교육의 틀에서 벗어나지 못하고 있는 것이 현실이다. 학교에서 가르치는 교육량이 계속해서 늘다 보니 빼곡하게 채워진 아이들의 시간표에는 정작 그 나이에 경험하고 배워야 할 인성, 사회성 등 시대의 바른 어른으로 성장하는 데 꼭 필요한 요소들이 빠지게 되었다. 학교는 지식을 가르치고 경쟁을 부추기는 공동체로 변해갔고, 이로 인한 부작용이 사회 전면에 드러나고 있는 것이다.

이러한 시대를 살고 있는 아이들이 기성세대에게 '공부를 왜 해야 하는지' 묻는다면 과연 지혜롭게 대답할 수 있는 어른이 얼마나 될까? 공부를 잘해야 좋은 대학에 들어가고 좋은 직장에 취업할 수 있으며 이것이 곧 성공이라는 대답은 아이들로 하여금 공부에 대한 의미, 목적을 잃게 만들 뿐이다.

교육은 한 개인이 행복한 삶을 살 수 있도록 준비시키는 과정이다. 인간은 자신만의 재능과 꿈을 발견할 때, 그리고 그것을 발전시켜 사회에 기여할 때 남다른 보람과 행복을 느낀다. 그래서 우리가 추구하는 교육 역시 무조건 1등만을 강요하는 교육이 아니라 저마다 다른 재능과 끼를 발견할 수 있도록 돕는 데에 그 목적을 두어야 한다. 이들이 10년 후, 20년 후 사회에 나왔을 때 올바른 인성을 갖고 자신만의 능력을 선보이며 사회구성원으로서 당당히 살아갈 수 있도록 도와주는 것이 바로 교육의 목적이요, 공부의 목적이 되어야 하는 것이다.

부모는 누구나 자녀의 행복을 바란다. 아이들이 행복한 삶을 살기 위해서는 자신이 하고 싶은 일, 잘하는 일을 스스로 찾아내는 과정이 필요하다. 자라나는 아이들은 모두 하나 이상의 충분한 역량을 갖고 있다. 따라서 이 시대 교육은 존재하는 모든 것에는 이유가 있으며, 한 사람 한 사람이 갖고 있는 재능이 모두 소중하다는 것을 일깨워주는 역할을 해야 한다. 이는 획일화된 교육이 아닌 다양성을 보장한 교육을 통해 가능하다. 또한 사회 역시 배금주의, 성공주의에 물들어버린 가치관을 바르게 정립해나가는 과정이 필요하다. 이는 자라나는 아이들에게 올바른 가치관을 가르치고, 스스로 꿈을 찾아갈 수 있게끔 교육하는 일에서부터 시작되어야 할 것이다.

이러한 믿음을 바탕으로 1장에서는 이 시대 아이들에게 진정으로 필요한 교육은 무엇인지에 대한 고민과 결론을 담았다.

2장에서는 유치원부터 초등, 중등, 고등학교 교육까지 시기별로 우선시되어야 하는 교육이 무엇인지에 대한 제안을 담았다.

3장에서는 교육의 주체인 교사와 학부모, 그리고 사회공동체의 올바른 역할에 대해 수록했다.

4장에서는 전남도교육청에서 시행하고 있는 특별한 교육활동을 소개하며 이 시대가 요구하는 공부법이 무엇인지, 나아가 이를 실천해나가고 있는 전남도교육청의 교육 프로그램을 담았다. 특별히 그동안의 상황과 성과가 바르게 수록될 수 있도록 다양한 자료를 제공해준 전남도교육청 구성원 모두에게 감사의 마음을 전한다.

마지막으로 5장에서는 교육을 살리기 위해 필요한 국가의 정책들을 소개하며, 향후 긍정적인 변화를 위한 대안을 제시했다.

사실 이렇게 책을 내기까지 몇 번이고 망설였다. 전남도교육청 교육감으로서 지난 6년의 시간을 보내며 나는 그저 길을 닦을 뿐, 아직은 만족할 만한 그림이 그려지지 않았다고 여겼기 때문이다. 한 아이를 건강한 사회구성원으로 키워내는 교육이 일순간에 이뤄지는 것이 아니듯 한 나라의 교육정책과 방향성이 어디 몇 년간의 노력으로 열매를 맺을 수 있는 일인가. 그럼에도 나 자신의 벽을 깨면 교육계 곳곳에서 어려움을 겪고 있는 여러 사람들에게 도움을 줄 수 있고, 희망을 전할 수도 있다는 충고와 격려에 힘입어 대학에서, 그리고 전남도교육감으로서 경험하고 다듬어온 교육에 대한 이야기를 소신 있게 전달하고자 마음먹었다.

부족한 이 책이 나를 비롯해 올바른 교육에 관심이 있는 학생, 교사, 학부모, 지역사회 등 모든 이들에게 교육적 소명과 시대적 사명을 새삼 깨닫게 하고 실천하는 데 도움이 되기를 소망한다.

장만채

차례 ----------------------------------

1

아이를 바라보는
시선만 바꿔도
교육이 산다

세상이 아름다운 것은
연두와 초록이
함께 있기 때문이다

● 자연의 진리는 사람과 닮았다

어김없이 계절이 오고 가고, 철따라 꽃이 피고 지는 자연의 질서
는 늘 놀랍다. 꽃이 피고 지는 것은 누구를 위해서가 아니다. 스스로
의 충만한 삶을 안으로 다스리다가 때가 되면 피기도 하고 지기도
한다. 꽃이나 열매는 자연의 향기이자 아름다운 미소다. 그런 자연
을 보며 생각한다. 만약 숲에 잡목이나 우람한 나무들만 가득하고,
꽃이 피거나 열매 맺는 식물들이 없다면 그 숲은 얼마나 삭막하고
딱딱하겠는가.

들판의 식물들은 한꺼번에 꽃을 피우지 않는다. 꽃이 피고 지는

시기가 저마다 다르다. 그 모양과 색깔이 각양각색인 것처럼 말이다. 연두와 초록은 비슷한 색이지만 가만히 비교해 보면 전혀 다른 색임을 알 수 있다. 나뭇잎이 연두색으로만 혹은 초록색으로만 이루어져 있다면 우리는 나뭇잎의 찬란한 아름다움을 느낄 수 없었을 것이다. 자연이 아름다운 이유는 연두와 초록이 함께 어우러져 아름다운 풍광을 만들어내기 때문이다.

사람도 마찬가지다. 우리는 저마다 이 세상에서 단 하나밖에 없는 독창적인 존재다. 그렇기 때문에 각자 삶의 조건이 다르고, 삶의 방식이 다르며, 지니고 있는 삶의 그릇 또한 서로 같지 않다. 그저 자신의 그릇을 품고, 자기 몫의 삶을 살아가는 것이다. 이처럼 사람은 자기 그릇에 채워진 자기 몫의 삶을 살아갈 때 가장 조화롭고 의미 있는 삶을 살 수 있다고 생각한다.

교육도 마찬가지다. 자연이 가르쳐주는 평범해 보이지만 위대한 진리를 놓치지 않아야 한다. 자신의 기량과 빛깔을 지니고 마음껏 뻗어나가 고유의 꽃을 피워 주변의 아름다움에 빛을 더할 수 있는 사람으로 성장하도록 도와주는 것, 타고난 능력을 길러 자신만의 꿈을 이루고 사회에 기여하며 더불어 살아갈 수 있도록 안내하는 것, 이것이 바로 내가 생각하는 교육의 사명이자 우리나라 교육이 이루어내야 할 몫이다.

들에 피어 있는 잡초에게 "너는 왜 이렇게 못생겼냐"고 말해서 무엇하랴. 잡초와 풀과 나무와 꽃들이 어우러져 조화로운 세상이 만들어지는 법이다. 좋은 사람, 예쁜 꽃들만 존재한다면 세상은 기대하는 것만큼 조화롭거나 아름답지 않을 것이다. 자연은 건강한 생태계를 유지하기 위해 냄새나는 곰팡이에게도, 무서운 바이러스에게도 각자의 역할을 부여했다. 당장 곰팡이들이 없어진다면 순간 삶이 쾌적해질 수 있다고 생각할지 모르지만 새로운 변화가 찾아왔을 때 많은 세균들이 공생하면서 우리의 건강을 보호해왔던 기능을 해주지는 못할 것이다. 이처럼 모든 것이 한데 어우러져 조화를 이루어 공생하는 것이 우리가 살아가고 있는 세상이다. 필요 없어 보이는 존재도 함께 어우러져야 건강한 공동체를 만들 수 있는 것이다.

교육에 있어서도 마찬가지다. 시험을 보면 잘 본 학생, 못 본 학생이 있고 중간쯤 본 학생이 있다. 중간층이 대부분이고 아주 잘 본 학생은 극소수이다. 시험을 잘 본 극소수의 학생들은 공부에 재능이 있다고 보면 된다. 하지만 그렇지 않은 학생들은 공부가 아닌 또 다른 것에 재능이 있는 것이다. 그래서 교육은 시험 점수와 상관없이 모든 학생을 보듬고 가야 한다. 어떤 학생이 어떤 재능과 능력을 가졌는지는 시험 점수로만 알아차릴 수 없기 때문이다.

● 공부 하나만으로 성공할 수 없는 시대의 도래

현재 우리나라 교육의 문제 중 하나는 대부분의 사람들이 공부를 통해 좋은 대학을 가야 한다고 생각한다는 데 있다. 기성세대에서는 그런 경우가 많았다. 당시에는 대학을 많이 가지 못했기 때문에 학력에 대한 막연한 동경도 있었다. 그래서 자녀를 통해 자신의 꿈을 이루고 싶은 부모들이 있었다. 게다가 지금은 모든 길이 대학입학으로 통하다 보니 학생이라면 무조건 시험만 잘 보면 된다고 생각하는 이들이 많다. 하지만 시대가 바뀌었다. 공부만 잘하면 된다는 공식이 더 이상 통하지 않는 시대가 된 것이다.

공부는 일종의 특기이자 취미일 뿐이다. 노래를 잘하고 그림을 잘 그리는 재능처럼 공부 역시 누군가가 지닌 하나의 재능인 것이다. 공부에 재능이 있는 학생은 하고 싶은 분야를 더 깊게 공부하도록 도와주면 된다. 그리고 공부가 아닌 다른 분야에 재능이 있는 학생은 나름의 재능을 인정해주며 그 길로 나아갈 수 있도록 인도해주어야 한다.

하버드대학교 하워드 가드너Howard Gardner 교수는 저서 《마음의 틀》을 통해 '누구나 타고난 재능이 있다. 그게 사람마다 다를 뿐'이라는 '다중지능Multiple Intelligence, 多重知能 이론'을 발표했다. 그는 인간의 지능은 IQ와 EQ감성지수 · Emotional Quotient와 같이 단순한 지적능력이 아닌 8가지 유형의 다양한 지능, 즉 언어지능, 음악지능, 논리수학지능, 공간지능, 신체운동지능, 인간친화지능, 자기성찰지능, 자연친화지능으로 구성되어 있다고 주장한다. 사람은 각자 갖고 태어난 선천적인 재능, 우수한 지능이 하나씩 있기 마련이라는 것이다. 그렇기 때문에 사람의 능력을 평가하는 수단이 언어와 논리 지능에 치우친다면 개개인이 지닌 우수한 재능을 놓칠 위험이 크다고 하워드 가드너를 비롯한 많은 교육학자들이 입을 모아 말한다.

쉽게 말하면 우리는 모두 '필살기'가 다르다. 망치질을 잘하는 사람도 있고, 톱질을 잘하는 사람도 있는데, 톱질 잘하는 사람에게는 망치질을 못한다고 야단치고, 망치질 잘하는 사람에게는 톱질을 못한다고 비난한다면 어떻게 될까? 세계적인 음악가, 운동선수, 화가 등의 지능지수를 측정하면 두 자리로 나오는 경우가 많은데 사람에게는 IQ만으로는 측정할 수 없는 다양한 재능이 있다는 것을 알 수 있다.

● 각자의 재능을 키우는 것이 진정한 교육

하버드대학 의학박사이자 잠재력 분야의 전문가인 디팩 초프라 Deepak Chopra 박사는 《풍요로운 삶을 위한 일곱 가지 지혜》라는 책에서 '나는 나의 자녀들이 학교에서 성적 올리는 데만 열중하는 것을 원치 않는다. 최고 점수를 받아 일류대학에 가는 것도 바라지 않는다. 내가 자녀들에게 정말로 바라는 것은 자신만의 고유한 재능이 무엇인지를 발견하는 것, 어떻게 하면 인류를 위해 봉사할 수 있을지 고민하는 것'이라고 말한다. 그리고 모든 사람들에게는 자기만

나는 자사고, 특목고, 국제고를 나쁘게 보지
않는다. 다만, 좋은 의도로 지어진 학교가 단지
좋은 대학을 가기 위해 거쳐야 하는 하나의
관문으로 해석되는 현실이 안타까울 뿐이다. ─────

의 고유한 재능이 있고, 또 그 재능을 표현할 특별한 방법이 있다고
주장한다. 디팩 초프라 박사가 제시한 것처럼 아이들이 공부를 해야
하는 진정한 이유는 자신만의 고유한 재능과 특별한 능력을 발견하
고 그것을 이용해 다른 사람과 세상에 도움을 주면서 살기 위함이
아닐까?

이제는 기성세대부터 세상에 존재하는 다양함을 이해하고, 모든
길은 수없이 많은 길들 중 하나에 불과하며 자신이 걷고 있는 그 길
도 수많은 길 중 하나일 뿐이라는 것을 교육을 통해 아이들에게 가
르쳐야 한다. 묵묵히 자신의 길을 찾다보면 언젠가는 고유한 잠재력
을 발견하게 될 것이라는 희망을 아이들에게 심어줘야 한다.

나는 자사고, 특목고, 국제고를 나쁘게 보지 않는다. 아이들의 다
양성을 존중해 설립된 학교들이며, 이들이 설립 당시의 기본 정신을
잘 따른다면 아이들의 다양한 재능을 발전시키는 좋은 사례가 될 수
있다고 본다. 다만, 좋은 의도로 지어진 학교가 단지 좋은 대학을 가
기 위해 거쳐야 하는 하나의 관문으로 해석되는 현실이 안타까울 뿐

이다.

생각해 보자. 소나무가 좋다고 모든 산에 소나무만 심고 다른 나무들을 키우지 않는다면 어떻게 될까. 소나무는 한번 베면 약해진다는 특징이 있다. 그렇기 때문에 소나무만 심은 산은 얼마 지나지 않아 사방이 민둥산이 되어 다양한 생명체를 품지 못하게 될 것이다. 우리가 사는 사회도 그렇다. 학교도 마찬가지다. 공부를 잘하는 학생, 노래를 잘하는 학생, 그림을 잘 그리는 학생, 소통을 잘하는 학생 등 다양한 학생들이 다 같이 어울려 배우는 곳이라야 건강한 학교, 발전하는 공동체가 될 수 있다.

공부는 하나의 재능일 뿐이다. 공부에 재능이 있는 학생은 그 재능을 키우면 된다. 사회와 학교가 그런 환경을 제공해주면 되는 것이다. 나아가 그림, 노래, 바둑, 컴퓨터, 장사 등 다른 분야에 소질이 있는 학생들 역시 그들의 재능이 인정받을 수 있도록 해야 한다. 모두가 공부에 재능이 있을 수 없고, 그럴 필요도 없다. 사회 구성원 모두가 하나같이 공부만 잘한다면 그 사회가 발전할 수 있을까? 이 나라 구성원 모두가 교수라면, 모두가 의사라면 어떤 사회가 될까? 다양성을 무시한 교육이 발전할 수 없듯이 다양성이 배제된 나라 역시 발전할 수 없다.

자라나는 아이들은 모두 하나 이상의 충분한 역량을 갖고 있다. 그런 아이들을 위해 어른들이 해야 하는 일은 각각의 재능이 소중하다는 것을 일깨워주는 것이다. 이를 통해 아이들은 자신의 재능을 발견할 수 있고, 이를 더욱 발전시켜 궁극적으로는 다른 사람들을 유익하게 하고 인류 발전에도 기여하는 삶을 살 수 있을 것이다. 이런 삶이라면 기쁨과 행복이라는 선물이 반드시 뒤따라오지 않을까.

'구름은 희고, 산은 푸르며, 시냇물은 흐르고, 바위는 서 있다. 꽃은 새소리에 피어나고 골짜기는 구르는 물소리에 메아리친다.' 《소창청기》라는 책에 실린 한 구절이다. 자연은 저마다 있을 자리에 있으면서, 서로 조화를 이루기 때문에 고요하고 평화롭다는 뜻이다. 우리 인간도 마찬가지다. 곁에 있는 사람들의 얼굴을 한 번 살펴보자. 모두 그 생김새가 다르다. 형제자매도, 심지어 일란성 쌍둥이조차도 비슷하게 생길 수는 있지만 똑같지는 않다. 우리는 세상에 단한 사람으로 초대받은 존재이다. 이 세상에 있는 모든 존재는 자신의 방식으로 자신의 삶을 향기롭게 살아갈 권리가 있다.

이제는 아이들이 지닌 다양한 재능을 발견하고 인정해주는 과정을 통해 저마다의 독특한 색깔이 제대로 발현될 수 있도록 도와주는 교육으로 바뀌어야 할 때이다.

아이들은 뛰어놀 때
가장 행복하다

● 행복한 아이들이 다니는 학교

"아이들이 행복한 학교를 만들어 주세요."

전남의 수많은 교육현장을 돌아다니며 내가 가장 많이 듣는 말 중 하나다. 행복한 교육, 행복한 학교, 행복한 학생… 교육과 학교, 학생이라는 단어 앞에 있는 '행복'이라는 표현이 참 어색하게 느껴진다. 이것은 비단 나 혼자만의 생각은 아닐 것이다.

내가 만난 대부분의 학부모들은 자신의 아이가 꿈을 갖고 행복하게 자라기를 원한다고 말한다. 하지만 그 뒤에 조건을 하나둘씩 붙이곤 한다. 아이들이 행복하기 위해서는 영어, 수학을 잘해야 하고,

명문대에 진학해야 하며, 결국에는 돈을 잘 버는 직장에 취직해 부와 명예를 가져야 한다고 생각하는 것이다. 혹시나 아이가 그런 기준에서 조금이라도 벗어나면 큰 잘못을 한 것처럼 취급하기도 한다. 아이들의 꿈이 부모의 시각에서 그려지는 일이 많다 보니 아이들이 진짜 행복을 맛보는 방식은 점점 더 존중받지 못하고 있다.

그렇다면 아이들은 언제 가장 행복해할까? 잘하는 과목을 열심히 공부할 때일까? 시험 점수가 잘 나왔을 때일까? 경쟁상대를 제치고 1등을 차지했을 때일까? 모두 아니다. 아이들은 그저 뛰어놀 때 가장 행복해한다. 학교에서 사귄 친구들과 뛰어다니며 몰랐던 새로운 세상을 경험하고 배워갈 때, 이들의 심장은 뛰고 얼굴빛은 가장 밝은 법이다.

● 행복의 조건

한국의 학구열은 미국의 버락 오바마 대통령도 부러워한다. 그러나 우리나라는 OECD 국가 중 청소년 자살 1위, 행복 지수 5년 연속 꼴찌라는 뼈아픈 교육 문제를 안고 있다. 가장 큰 원인으로 꼽히는 것이 바로 획일화된 틀 안에서의 경쟁 체제다. 나는 이러한 문제들의 근본적인 원인이 교육이 아닌 우리의 잘못된 가치체계에 있다고 본다.

앞서 언급했듯이 부모 세대는 아이들의 행복을 바라지만, 그러기 위해서는 공부를 잘해야만 한다는 전제조건을 떨쳐버리지 못한다. '좋은 점수를 받아 좋은 대학에 들어가 좋은 직장을 갖는 것이 곧 행복'이라는 생각은 학교에 다니는 것도 직장생활을 하는 것도 결국은 돈을 벌기 위해서라는 것이다. 자아실현이라든지 더불어 살아가기 위한 공동체 의식 같은 것은 내 아이에게 해당되지 않은 사치스런 용어라고 여기기 때문에 '인성이 밥 먹여주냐'라는 한마디에 인성교육은 학교현장에서 구호로 맴돌 수밖에 없는 현실이다. 이러한 생각들이 우리 안에 너무 깊이 뿌리박혀 있다. 우리나라 국민들이 생각하는 중산층의 기준에 대한 설문조사 결과를 보면 쉽게 알 수 있다.

* 부채 없이 30평 이상 아파트 소유
* 월 급여 500만 원 이상
* 2,000cc급 중형차 보유
* 예금액 잔고 1억 원 이상 보유
* 해외여행 1년에 한 차례 이상 다님

신기하게도 중산층이라면 갖춰야 할 기준 모두가 경제적인 조건들이다. 주목할 만한 사실은 미국이나 영국, 프랑스 등 세계 어느 나라를 봐도 중산층의 기준을 돈으로 정한 나라가 없다는 것이다.

프랑스의 경우에는 외국어를 하나 정도 할 수 있고, 직접 즐기는 스포츠가 있으며, 다룰 줄 아는 악기가 있는 사람, 그리고 남들과는 다른 맛을 낼 수 있는 '나만의 요리'가 있으며, 사회가 타락했을 때 공분에 결연히 참여하며, 약자를 도우며 봉사활동을 꾸준히 하는 사람을 중산층이라고 정의한다. 영국은 페어플레이를 하고, 자신의 주장과 신념을 가지며, 독선적으로 행동하지 않고, 약자를 두둔하고 강자에 대응하는 사람, 그리고 불의, 불평, 불법에 의연히 대처하는 사람을 중산층이라고 말한다.

놀라운 사실은 두 국가의 중산층 기준에는 모두 '정의감'이 포함되어 있다는 것이다. 약자를 도울 줄 알아야 하고, 사회의 타락에 책임을 져야 하며, 그 다음에 자기만의 독특한 특기, 취미활동을 할 수 있어야 중산층에 속한다고 말한다. 이는 우리나라 중산층의 기준에서는 찾아 볼 수 없는 항목들이다.

우리나라의 교육이 지금과 같은 문제를 가지게 된 근본적인 원인은 국민의 가치체계의 중심에 경제적인 조건, 즉 돈이 있기 때문이다. 이는 우리나라가 짧은 시간에 막대한 경제 성장을 이룰 수 있었던 발판이 되기도 했지만, 먹고 사는 문제에서 벗어난 지금까지도 배금주의(拜金主義, 돈을 가장 소중한 가치로 여겨 지나치게 돈에 집착하는 주의)라는 이름으로 우리에게 막대한 영향을 끼치고 있다.

행복한 아이는 인성이 건강하다

전남도교육감에 취임한 2010년부터 나는 인성교육이 가장 시급하다고 주장해왔다. 시험 점수 위주의 경쟁력을 키우는 데에만 집중하지 말고, 아이들이 사회로 나갔을 때 건강한 구성원이 될 수 있도록 인성교육을 함께 해나가야 한다고 말했다. 그러나 교육현장에서는 이러한 주장이 제대로 받아들여지지 않았다. '뜬구름 잡는다, 세상 물정을 모르는 사람'이라는 소리를 참 많이 들었다. 다들 이상적으로는 맞는 소리라고 생각했을지 모르지만, 그것을 현실에 가져와 구체적인 정책으로 옮기기까지는 쉽지 않은 과정들이 있었다. 이미 기성세대 안에 뿌리박힌 학벌주의 가치관 때문이었을 것이다.

우리나라 교육의 부작용을 말하며 국민의 가치관을 언급하는 이유는 바로 국민이 중요하게 생각하는 가치가 교육으로 고스란히 이어지기 때문이다. 일례로 미국의 중산층 기준 첫 번째는 '자기 의견을 정확하게 표현할 줄 아는가?'이다. 그래서 미국 학생들의 수업을 살펴보면 수업시간에 정말 활발하게 자기의 의견을 표현한다. 이는 어려서부터 자기 의견을 정확하게 표현하는 법을 부모로부터 보고, 듣고, 배웠기 때문이다.

이 나라가 생각하는 중산층의 두 번째 기준은 약자를 도울 줄 아는 사람이다. 우리나라에서는 약자를 도와야 한다는 항목은 중요한 가치 기준에 속해 있지 않다. 일부 봉사정신이 투철한 사람, 혹은 그런 분야로 꿈을 꾸는 사람들의 고유물이라고 취급하기 일쑤다. 그러나 미국은 약자를 돕고 배려할 줄 아는 사람을 훌륭하다고 여긴다. 그래서 아이들에게 그런 삶을 살아야 한다고 가르친다. 미국인들의 삶에 봉사와 나눔이 자연스럽게 배어 있는 이유도 이 때문일 것이다.

세 번째 기준으로 미국은 불의를 보고 당당히 맞설 수 있는 사람을 중산층으로 꼽는다. 이는 미국뿐 아니라 영국, 독일, 프랑스 등 주요 선진국들이 공통적으로 갖고 있는 중요한 가치 기준이기도 하다.

다시 우리나라의 현실을 생각해 보게 된다. 지나친 배금주의로 인해 돈을 버는 것이 인생의 가장 중요한 일처럼 여겨지고 있는 작금의 현실, 사람보다 돈을 더 중요하게 여겨 세월호 사고와 같은 안타까운 일들이 터졌다는 것은 부인할 수 없는 사실이다.

아이들에게 올바른 가치관을 가르치는 일은 그래서 중요하다. 돈보다 더 중요한 가치가 있다는 것을 알려주는 일, 약자를 돕고 사회의 정의를 위해 힘써야 하는 이유를 가르치는 일들이 바로 교육현장에서 이뤄져야 하는 것이다.

전남에서는 아이들에게 올바른 가치관을 심어주기 위한 인성교육에 주목한다. 사람을 사람답게 만드는 올바른 가치관 교육이 우리가 추구해야 할 교육의 근본적인 목표라 여기기 때문이다. 인성교육의 출발점으로 삼은 것은 바로 다양한 체험학습이다. 교과서를 통해 배우는 지식의 세상도 필요하지만, 직접 뛰어다니며 자연 속에서, 사회 속에서 경험하여 알게 된 것들이 아이들의 올바른 인성을 만드

교과서를 통해 배우는 지식의 세상도 필요하지만,
직접 뛰어다니며 자연 속에서, 사회 속에서 경험하여
알게 된 것들이 아이들의 올바른 인성을 만드는
———————————— 자양분이라고 믿는다.

는 자양분이라고 믿는다. 나아가 아이들이 다양한 경험을 통해 부모
가 만들어 준 꿈이 아니라 자신이 좋아하는 일, 잘하는 일을 스스로
찾을 수 있도록 돕고 있다. 바다를 보며 누군가는 아름다운 시상을
떠올릴 것이고, 누군가는 그림으로 그것을 표현할 것이며, 누군가는
배를 타고 바다를 항해하는 꿈을 꿀 것이다. 이처럼 직접 경험하지
않고서는 아이들 자신이 무엇을 원하고 무엇을 잘할 수 있는지 제대
로 알 수 없다. 그래서 전남은 아이들이 좋아하는 일, 즐겁게 할 수
있는 일을 찾을 수 있도록 다양한 체험활동에 집중하고 있다.

 "아이들이 행복한 학교를 만들어주세요." 다시금 이 말이 떠오른
다. 아이들이 행복한 학교는 어떤 학교일까? 바로 마음껏 뛰어놀 수
있는 학교다. 공부는 하지 않고 무조건 놀게 하자는 것이 아니다. 아
이들이 좋아서 날뛸 수 있을 만큼 잘하는 일을 찾아주는 곳, 그 안에
서 마음껏 꿈꿀 수 있게 지원해주는 학교가 필요하다는 뜻이다.

 이러한 학교를 만들기 위해서는 '1등을 해야만 훌륭한 사람이 될
수 있다, 좋은 점수로 좋은 대학에 들어가야만 나중에 돈을 많이 벌

수 있다, 그것이 곧 행복이다'라는 기존의 가치관이 잘못되었다는 것을 알려주고 이를 바로 잡아주려고 하는 어른들의 노력이 수반되어야 한다. 세상을 바라보는 건강한 가치관이 우리 안에 뿌리내릴 때, 우리의 아이들도, 교육도, 사회도 모두 건강하고 행복해질 수 있다.

다양한 재능을 죽이는
주입식 교육

● 아는 것이 힘이다?

　일제강점기에는 중학교만 졸업해도 신학문을 하는 사람으로 인정받고 많은 사람이 부러워했다. 당시 중학교는 특수계층이나 여력이 있는 사람만이 갈 수 있었기 때문이다. 1960년대는 고등학교만 졸업해도 취직하는 데 큰 어려움이 없던 시대였다. 1970년대는 대학 입학생 비율이 20퍼센트 내외였기 때문에 대학 졸업장이 곧 취직의 좋은 조건으로 작용했다. 그때까지만 해도 회사를 선택해서 취직을 할 수 있었던 시대였다. 대학뿐 아니라 대학원을 졸업하고 유학을 다녀와도 마음에 드는 직장을 얻기 힘든 지금과는 많이 다른 환경이었다.

산업화 시대를 거치며 학벌에 따라 직업이 바뀌고 수입의 수준이 달라지다 보니 우리나라 사람들은 지식위주의 교육, 출세위주의 교육에 더욱 매달리게 되었다. 교육이 곧 입신양명의 통로가 된 것이다.

물론 산업화 과정을 거칠 당시에는 입시 위주의 일방적인 지식전달 교육이 인정받을 수 있는 환경이었지만, 지금은 지식 습득 자체만으로는 의미가 없는 시대가 되었다. '아는 것이 힘이다'라는 전제 아래 가능한 한 더 많은 지식과 정보를 가르치고 배우고 익히는 단순교육의 시대, 즉 지식의 양이 중요했던 시대는 끝난 것이다. 이제는 특정한 지식의 유효기간이 현저하게 짧아졌을 뿐만 아니라, 지식의 양도 과거와는 비교할 수 없을 정도로 많아졌다. 매일 홍수처럼 밀려드는 새로운 지식과 정보들은 다 가르칠 수도, 다 배울 수도 없다. 모든 정보를 머리에 저장할 수도 없는 시대인 것이다. 따라서 교육의 패턴도 다양한 지식을 융·복합해 새로운 지식과 정보를 산출하거나 응용하는 창조·융합교육으로 바뀌어야 한다.

그런데 현재 우리나라 교육의 모습은 어떠한가? 여전히 주입식 혹은 암기위주 교육의 틀에서 벗어나지 못하고 있다. 학교에서 가르치는 교육량, 아이들이 공부해야 하는 학습량은 계속해서 늘어만 간다. 점수에 따라 등수가 매겨지다 보니 경쟁은 갈수록 치열해지고 난이도는 높아져만 간다. 빼곡하게 채워진 아이들의 시간표에는 정작 그 나이에 경험하고 배워야 할 중요한 것들이 빠져 있다. 지식 외

점수에 따라 등수가 매겨지다 보니
경쟁은 갈수록 치열해지고
난이도는 높아져만 간다.

에는 그 무엇도 배우고 느낄 수 없는 교육환경 속에서 '성적만 좋으면 결국에는 행복할 것'이라는 생각으로 아이들이 누려야 할 진짜 행복마저 빼앗고 있는 것이다.

사실, 성적과 행복에는 이렇다 할 상관관계가 없다. 그래서 나는 시험 점수를 곧 학력이라고 여기는 것에 결코 동의하지 않는다. 아이들에게는 시험 점수보다 더 중요한 것들이 훨씬 많기 때문이다.

● 선행학습을 절대 하면 안 되는 나라, 독일

국가경쟁력 세계 5위, 그러나 OECD 주도 국제학업성취도평가(PISA) 순위는 언제나 중하위권을 차지하는 나라가 있다. 바로 독일이다. 이 나라는 아이들이 초등학교에 들어오면 1년 동안 오직 알파벳과 몇 가지 단어만을 익히게 한다. 덧셈 뺄셈도 1년 동안 수없이 반복해서 가르친다. 아이들이 곱셈을 빨리할 수 있도록 하는 구구단도 미리 가르쳐주지 않는데, 그 이유는 더디더라도 스스로 자기만의 방법을 찾는 것이 중요하다고 생각하기 때문이다. 손가락을 쓰든 발가락을 쓰든 스스로 계산 방법을 찾도록 도와주는 것이 바로 학교의 역할이라 여기는 나라, 이 나라에서는 절대로 하면 안 되는 것이 있다. 바로 선행학습이다. 선행학습은 다른 아이들에게서 질문할 기회를 빼앗을 뿐 아니라 교사의 수업권을 침해하는 잘못된 교육이라 여기는 것이다.

우리나라 아이들과의 학습량을 비교했을 때, 공부와는 담을 쌓고 지내는 것처럼 보이는 독일 아이들에게도 꼭 갖춰야 하는 자격시험이 있는데 바로 '자전거 면허증'과 '수영 인명구조 자격증'이다. 지식만큼 여가와 안전이 중요한 것임을 가르치는 곳, 그야말로 독일은 인간으로서 행복한 삶을 살게 하는 것이 교육의 목표인 나라다.

여기서 주목할 점은 독일도 한때 주입식 교육제도와 선행학습법의 대표 수출국이었다는 점이다. 이들이 주입식 교육제도에서 돌아선 이유는 그러한 교육이 키운 괴물이 바로 전쟁과 우월주의였다는 역사적인 반성이 있었기 때문이다. 그런 경험을 통해 이 나라가 얻은 해답은 '학교에서 1등 다툼은 필요 없다'였다. 한두 명의 뛰어난 사고보다 모두의 깊이 있는 사고가 가치 있음을, 다함께 사는 법을 가르치는 것이 결국 경쟁력 있는 교육임을 자각한 것이다.

핀란드보다 2배 더 공부하는 한국 학생들

잘 알려진 바와 같이 우리나라 학생들은 국제학업성취도평가 (PISA)에서 상위권을 차지한다. 매번 앞다투어 1~2등을 하는데, 정작 점수가 높지 않은 다른 나라에서는 우리나라 교육을 그렇게 부러워하지 않는다. 한번은 핀란드 교육당국자를 만난 적이 있는데 "대한민국이 PISA에서 1~2등을 해도 부럽지 않다"고 했다. 이유를 물었더니 "한국 학생들이 공부하는 시간이 핀란드 학생들에 비해 2배 가까이 많은데, 2배 이상 공부하고도 핀란드 학생들과 실력 차이가 거의 없으니 부러울 것이 없다"는 것이었다.

어느 나라보다도 높은 교육열을 갖고 있지만 실제로 우리나라의 교육 수준은 OECD 국가 중 최하위다. 교육의 질이 매우 낮다는 뜻이다. 학문에 대한 흥미와 관심 부분에서도 34개 회원국 중 최하위를 차지하곤 한다. 그 이유는 교육을 단지 대학입시를 준비하는 과정으로만 바라보기 때문이다. 입시에서 고득점을 내야만 좋은 대학에 갈 수 있으니 학생들은 자연히 지식을 습득하고 많은 문제를 푸는 데에만 몰입하게 된다. 지식을 활용해서 더 큰 지식을 깨닫는다거나, 사람이 사람답게 살아가는 데 꼭 필요한 삶의 지혜를 배우는 일은 자연스럽게 뒤로 미루어지는 것이다.

세계적인 학자나 노벨상을 받은 사람들이 우리나라 초등학생들을 만나 보면 "대한민국에서는 노벨상 수상자들이 정말 많이 나올 것

문제는 지식의 양이 너무 방대해지고,
초중등 교육에서는 배울 필요가 없는 난이도 높은 교육
이 시행되는 데 있다. 굳이 고등학교 때 배우지 않아도
될 부분을 이중으로 배우며 난이도 높은 지식을 미리
학습하도록 강요받고 있는 것이다.

같다"고 말한다. 그런데 고등학생들을 만나 보면 "아니다"라고 번복
한다. 이유는 무엇일까? 지금 우리나라의 공교육이 학생들 각각의
소질과 재능을 키워주는 게 아니라 획일화된 틀 속으로 집어넣고 있
다는 의미다.

지난 반세기 동안 우리의 교육은 지식전달에만 집중했다. 도덕이
나 인성교육은 형식적일 뿐 교육의 99퍼센트가 오직 지식전달에 그
목표가 있었다. 물론 지식 교육이 모두 나쁘다는 것은 아니다. 한쪽
으로 심하게 치우쳐 있는 것이 문제라는 것이다.

제갈공명이 적벽대전에서 동남풍을 불게 한 것은 자연현상을 유
심히 관찰해서 얻은 지식 덕분이었다. 이러한 지식은 교육과 경험을
통해서 얻게 된다. 그런데 문제는 지식의 양이 너무 방대해지고, 초
중등 교육에서는 배울 필요가 없는 난이도 높은 교육이 시행되는 데
있다. 우리나라 교육현실을 보자면, 교과서 내용이 점점 어려워져
중학교 3학년쯤 배워야 할 내용이 이미 초등학교 6학년 수업에 모
두 포함되어 있다. 또한 현재 이과 학생들이 배우는 미적분은 대학

교에 들어가면 1학년 때 다시 공부하게 된다. 군이 고등학교 때 배우지 않아도 될 부분을 이중으로 배우며 난이도 높은 지식을 미리 학습하도록 강요받고 있는 것이다.

지금 우리나라 초등학생의 지식수준은 당시 제갈공명의 지식수준보다 훨씬 뛰어나다. 이것은 무엇을 의미하는 걸까? 초등학교만 졸업해도 세상을 사는 데 큰 불편함이 없을 정도의 지식을 갖춘다는 것이다. 그런데 우리나라 아이들은 중학교, 고등학교에 가서 그보다 더 방대한 양의 지식을 학습한다.

사실 우리가 고등학교 때까지 학교에서 머리를 싸매고 배웠던 지식들이 일상생활에서 얼마나 사용될까? 사회생활을 하며 수학의 미적분을 쓸 일이 있을까? 당시 열심히 익힌 영어도 투자한 시간과 노력에 비하면 사용하는 일이 드물다. 이는 학교 교육과 일상생활 간에 상당한 괴리가 있음을 의미한다. 이런 관점에서 보자면 지금의 우리나라 교육제도에는 많은 문제점이 있다.

무엇을 배워야 할까?

미래학자들은 우리 아이들이 미래를 살아가는 데 꼭 필요한 조건을 몇 가지 꼽는다. 첫 번째는 지적 도구를 잘 사용하는 능력이다. 두 번째는 아주 낯선 조직에서도 서로 화합하면서 더불어 잘 지낼

외국으로 유학 간 아이들을 보면 혼자 하는 공부는
참 잘하는데 여럿이 모여 토론하는 수업에서는
많은 어려움을 겪는다. _____

수 있는 능력이다. 세 번째는 소통 능력, 즉 사회적 관계를 원만하게
이루어가는 능력이 중요하다고 말한다. 지적 도구를 잘 사용한다는
것은 컴퓨터나 여러 미디어 등 정보화 도구들을 잘 활용한다는 의미
이다. 다음으로 낯선 조직에 가서 잘 생존하려면 그만큼 강력한 도
전의식과 생존력이 있어야 하는데 여기에는 사회적 관계를 맺는 능
력도 포함된다. 이는 사회성, 인성교육의 필요성을 말해주는 대목이
기도 하다.

그런데도 우리는 이런 것들을 도외시하고 지적능력만을 강조하다
보니 시험 점수에만 자꾸 목을 매게 되는 것이다. 우리나라에만 있
는 '시험 점수 제일주의'는 한국 학생들이 받는 학업 스트레스가 세
계 최대라는 결과를 가져왔다. 이는 교육제도의 변화가 시급함을 알
려주는 메시지라고 할 수 있다.

더욱이 우려되는 사실은 우리나라에서 우수한 성적을 받은 학생
들의 경우 미국 아이비리그 합격률은 매우 높으나 그중 졸업률은
40퍼센트밖에 되지 않는다는 점이다. 가장 큰 이유 중 하나로 소통
능력의 부재를 꼽는다. 외국으로 유학 간 아이들을 보면 혼자 하는

공부는 참 잘하는데 여럿이 모여 토론하는 수업에서는 많은 어려움을 겪는다. 혼자 공부하고 문제를 풀고 점수를 매기며 실력을 쌓았던 습관 때문에 소통하며 토론하는 학습을 소화하기에는 역부족인 것이다.

미래사회가 요구하는 인재는 사회성, 인성, 창의성을 가진 사람이다. 과거에 학력을 중시하였던 세계 많은 나라들도 이제는 개인의 역량에 따라 삶의 질이 변하는 것에 주목하고 있다. OECD에서도 미래의 역량은 무엇이고, 어떻게 가르쳐야 하며, 또 이러한 교육환경을 어떻게 조성할 것인지를 주 내용으로 하는 'OECD Education 2030 프로젝트'를 추진하고 있다.

미래사회가 요구하는 인재를 양성하기 위해서는 우리나라 교육 역시 산업화 시대의 수동적이고 폐쇄적 운영의 틀에서 벗어나 보다 유연하고 다양하게 변화해야 한다. 과학기술이 고도화되고, 지식과 정보의 양이 급격히 증가하고 있는 현 시점에서 지식교육에만 집중하고 있는 우리교육 패러다임의 근본적인 변화가 필요한 때이다.

교육은 사람을
사람답게 만드는 것

요령과 정직, 무엇을 가르칠까?

"학생들이 시험에서 모르는 문제에 답을 쓰지 않았을 때, 어떻게 말씀하시겠습니까?"

언젠가 교장선생님들을 만난 자리에서 이런 질문을 던진 적이 있다. "찍어서라도 답을 쓰라고 하시겠습니까?"라는 질문에 대부분이 그렇다는 답변을 내놓았다. 그 후 나는 학부모들을 만난 자리에서도 같은 질문을 던졌고, 역시나 비슷한 대답을 들을 수 있었다.

성급한 결론인 것처럼 보일 수 있지만, 이것이 바로 한국 교육의 현실이다. 입시 위주의 교육체계는 '시험에서는 반드시 좋은 성적을 내야 한다, 모르는 문제는 찍어서라도 답을 적어 내야 한다'는 가치관을 당연시하게 만들었다.

엄밀히 말하자면, 모르는 시험 문제에 답을 찍는 것은 '정직'에 위배된다. 이는 요령이요, 요행일 뿐이다. 그렇게 찍어서 한 문제를 더맞힌들 긴 인생을 두고 봤을 때 무엇이 달라질까? 바른 교육이 될수 없다. 오히려 아이들에게서 정직한 성품을 쌓을 수 있는 기회를빼앗게 될 뿐이다.

훌륭한 업적을 남긴 위인들을 살펴보면 그들의 인생 안에는 요령과 잔머리가 없다는 공통점을 발견하게 된다. 정직과 성실이 내면에 탄탄하게 뿌리내리고 있으면 그 위에 어떠한 지식의 씨앗이 뿌려져도 가치 있는 열매를 맺게 되는 것을 보게 된다. 이를 대표하는 한인물이 있다.

미국의 정치인이었던 이 사람은 가난한 집에서 태어나 좋아하는책 한 권을 마음 놓고 살 수 없었다. 한번은 서점에서 책을 빌려와잠이 들었는데 밤중에 비가 새는 바람에 새 책이 흠뻑 젖게 되었다고 한다. 며칠 뒤 서점에 찾아간 그는 책이 젖게 된 경위를 설명했고, 책을 버린 대가로 3일간 일을 시켜달라고 했다. 사과만으로는 부족하다고 생각했던 것이다. 가게 점원으로 일했을 당시에는 손님에게서 10센트의 거스름돈을 더 받았다는 것을 알아차린 후 한밤중에4킬로미터를 걸어가 곧바로 돌려준 일도 있었다. 10센트가 아니라1센트라도 잘못 받은 돈은 돌려줘야 한다는 정직함이 그의 내면에 뿌리박혀 있었기에 자유와 평등의 가치를 확고히 한 미국의 위대한 대통령이 되었던 것이다.

이 사람이 바로 '국민의, 국민에 의한, 국민을 위한 정치'라는 말을 남긴 미국의 16대 대통령 아브라함 링컨이다. 링컨의 정직함은 나이가 들어서도, 높은 자리에 올라가서도 변함이 없었다. 주 의회 의원에 출마했을 당시, 그는 당에서 보낸 200달러의 선거자금 중 75센트만 쓰고 나머지 199달러 25센트를 다시 돌려보냈을 만큼 정직이라는 신념이 삶에 녹아 있었던 인물이다. 덕분에 그는 정치인에게는 좀처럼 허락되지 않는 '정직하다'라는 뜻이 담긴 '어니스트 에이브_{Honest Abe}'라는 별명으로도 많이 불렸다.

이처럼 정직함은 옳고 그름을 구분할 줄 아는 신념을 만든다. 신념이 생기면 앎과 행동 사이에 '일관성'이 생길 수밖에 없다. 이것이 바로 교육을 통해 우리 아이들에게 가르쳐야 하는 중요한 가치 중 하나이다.

⦂ 교육의 목적은 실천이다

학교 안에서 초등학생들을 마주하면 열심히 인사하는 모습이 참 예뻐서 한참을 쳐다보게 된다. 그런데 안타까운 건, 학교라는 경계를 벗어나면 전혀 다른 모습을 보이는 아이들이 많다는 것이다. 이것은 비단 아이들에게만 해당되는 이야기가 아니다. 어른들 역시 그렇다. 학교나 직장 등 자신이 속한 공동체, 울타리 안에서는 성직자와 다름없이 행동하다가 그 경계를 벗어나면 쉽게 변해버리는 경우가 종종 있다. 학교 안팎에서 달라지는 태도, 울타리를 벗어나면 함부로 하는 행동, 그것은 앎과 행동 사이에 '일관성'이 없다는 것을 의미한다. 즉, 신념이라는 것이 오로지 머리에만 있고 삶에는 없다는 뜻이다.

《논어집주》서설序說에 따르면 정자는 이런 말을 했다.

"지금 사람들은 책을 읽을 줄 모른다. 예를 들어 논어를 읽었을 때, 읽기 전에도 그러한 사람이요, 다 읽고 난 뒤에도 또 다만 그러한 사람이라면 이것은 곧, 읽지 않는 것이다."

정자의 이 말은 학문의 목적을 실천적인 시각에 두고 있다. 현재의 교육도 마찬가지다. 아이들이 학교에서 교육을 받은 뒤, 교육을 받기 전과 변화가 없다면 그 시간을 버리는 것과 다름없다. 아는 대로 사는 삶, 경계의 안팎과 상관없이 언제 어디서나 한결 같은 인성, 이것이야말로 바로 우리가 지향해야 할 교육의 목표가 되어야 한다.

인성의 중요성은 '사람은 혼자 살 수 없으며 여러 관계 속에서 살아간다'는 전제에서 비롯된다. 미국, 핀란드, 노르웨이 등 교육 선진국들이 지식교육보다 체험교육에 집중하는 이유도 여기에 있다. 선생님, 친구, 동생, 누나, 형들과 직접 부딪히며 삶의 지혜를 배워나갈 때 올바른 인성이 뿌리내린다는 것을 알기 때문이다.

지식은 혼자서도 습득할 수 있다. 하지만 세상을 사는 데 필요한 지혜는 더불어 살아야 배우게 된다. 우리는 성공한 사람을 가리킬 때, 그가 가진 지식이나 실력으로만 평가하지 않는다. 얼마나 많은 것을 알고 있느냐가 사람들로부터 그를 존경받게 하는 것이 아니다. 약자에 대한 배려, 바른 사회를 일구기 위한 정의감 등 사회 안에서 함께 살아가고자 노력하는 사람이라야 성공한 삶을 살았다는 평가를 받는다. 전남교육의 목표가 '소통과 협력으로'인 것도 이러한 이유에서다.

요즘은 노벨상만 봐도 단독 수상이 거의 없다. 보통 세 명에서 다섯 명이 공동수상을 하곤 한다. 이것이 무엇을 의미할까? 이제는 연구나 공부도 혼자서는 한계가 있다는 뜻이다.

공자는 말했다. "공부하는 사람은 집에서 효도하며, 밖에 나가면 공손하고 부지런하여 신뢰를 받아야 한다. 마땅히 사람들을 아끼고 어진 사람과 친하도록 힘써야 한다. 이처럼 부지런히 실천하여 덕행을 닦되 여가시간이 있으면 학문을 배우도록 할 것이다."

다시 말해, 사람의 도리를 다하고 힘이 남으면 그때 공부하라는 뜻이다. 사람이 먼저 된 다음에 공부해야 한다는 것이다. 배운 것을 제대로 사용할 만큼 올바른 인성을 갖추지 못한 사람에게 수많은 정보와 지식만 부어넣는 것은 좋은 교육의 모습이라 할 수 없다.

나아가 교육은 한 사람을 사회인으로 만들어가는 과정이다. 사회에 나가 당당하게 본인의 역할을 하되 사회에 기여하면서 행복한 삶

배운 것을 제대로 사용할 만큼 올바른 인성을
갖추지 못한 사람에게 수많은 정보와 지식만
_____ 부어넣는 것은 좋은 교육의 모습이라 할 수 없다.

을 살 수 있도록 준비시키는 것이다. 아이들의 오늘을 편하고 행복
하게 해주는 것이 교육의 목적이 아니다. 이들이 10년 후, 20년 후
사회에 나왔을 때 행복한 삶을 살 수 있도록 도와주는 것이 교육의
목적이 되어야 한다.

인생에서 필요한 살아 있는 지혜

  사실 수업을 들으면서 '나 정말 재미있고 행복해'라고 생각하는
아이들은 거의 없을 것이다. 물론 재미를 찾아주는 것 역시 중요하지
만, 재미있는 것만을 가르칠 수는 없다. 다양한 경험을 통해 하기 싫
은 것도 해보고, 지키고 싶지 않은 규칙도 지켜가면서 인성을 다듬
는 것이 바른 교육이라고 생각한다.
  전남도교육청에서 진행 중인 독서토론열차나 선상무지개학교는
이름만 들었을 때는 꽤나 재미있을 것 같지만, 실상 참가한 학생들
은 결코 쉽지 않은 시간을 보낸다. 이는 어려움을 이겨내고 실패를

극복하는 능력을 길러주기 위해 준비된 프로그램이기 때문이다. 그렇게 극기를 체험하면 그 안에서 자연스럽게 협력을 배우게 된다. 거기에서 얻은 생각, 가치관, 인성이 인생을 살아가는 데 꼭 필요한 살아 있는 지혜가 되는 것이다.

당연한 결과일 수 있지만 '인성이 바르고 좋은 학생이 학업성취도도 높다'는 연구결과도 있다. 인성과 학업성취도가 함께 간다는 것이다. 또한 '명문대를 졸업한 성적 우수한 학생이 사회생활에서도 성공하는가?'라는 조사에서는 '그렇지 않다'는 결과가 나왔다. 높은 연봉을 받으며 대기업에 입사할 수는 있겠지만 길게 봤을 때, 학업 성적만 우수한 학생은 사회생활에서 성공하기 어렵다는 것을 보여준다. 그래서 학교에서는 성적만을 강조하기 전에 아이들이 10년, 20년, 30년 후에 사회생활을 성공적으로 해나갈 수 있는 것이 무엇인지를 고민하고 교육해야 한다.

아이들에게 꼭 필요한 세 가지 역량

수많은 교육학자들은 교육에서 중요시해야 할 가치를 세 가지로 압축한다. 첫 번째는 소통 능력이다. 서로 다른 이질적인 집단과 의사소통할 수 있는 능력이 사회생활을 하는 데 있어 매우 중요하기 때문이다. 두 번째는 자기 주도성이다. 문제를 스스로 풀어보려고 노력하는 힘이 필요하다. 뒤에서 더 자세히 언급하겠지만, 전남이 창의체험형 활동을 강화한 이유도 여기에 있다. 이는 체험을 통해 스스로 찾아보고, 보고, 겪게 하는 교육을 뜻한다. 마지막 세 번째로 1+1은 반드시 2가 아닐 수도 있음을 깨닫는 힘, 즉 창의성을 깨우는 교육이 중요하다고 말한다. 세상에 널린 단순 지식들을 서로 다른 융합을 통해 새로운 것으로 만들 줄 아는 지혜, 그래서 인간생활에 새로운 패러다임을 제시할 수 있는 능력을 키워야 함을 강조하는 것이다. 가까운 예로 스티브 잡스의 업적들을 들 수 있다. 스티브 잡스의 스마트폰은 과학 안에서만 이뤄진 것이 아니라 과학에 철학, 예술 등이 융합되어 완성된 작품이다.

사실 여러 교육학자들이 교육의 필수요소로 꼽는 소통능력, 자기주도성, 창의성의 기반은 인성이다. 교육은 다름 아닌 인성을 바탕으로 이 세 가지 역량들이 아이들의 머리와 가슴에 새겨질 수 있도록 이뤄져야 한다.

좋은 관계 속에서 자신의 역량을 발휘할 때 사람은 진정한 행복을 느낀다. 교육에서 소통, 사회성, 인성을 강조하는 이유도 여기에 있다. 머리가 자라는 만큼 인격도 자라게 하는 일, 훌륭한 등수를 넘어 훌륭한 인격체로 성장할 수 있게 돕는 일, 결국 사람을 사람답게 만드는 일, 그것이 우리 교육의 목표이자 시작점이 되어야 할 것이다.

꿈을 갖는 것이
곧 실력이다

⦙ 꿈이 없는 아이들

오늘날 대다수의 아이들이 장래희망 1순위로 뽑고 있는 직업들은 하나같이 비슷하다. 연예인, 공무원이나 교사 혹은 부모가 원하는 안정적인 직업이 그것이다. 불과 10년 전만 해도 과학자부터 운동선수, 의사, 대통령, 가수, 선생님에 이르기까지 자라나는 아이들의 장래희망은 참 다양했는데 왜 이렇게 변한 걸까? 꿈을 먹고 자라나야 하는 아이들의 꿈이 점차 한정 되어가고 벽에 부딪히는 것 같아 씁쓸하다.

방학을 이용해 학생들을 위한 특별 프로그램을 운영한 적이 있는

데, 그때 어떤 선생님이 "학생들이 꿈이 없어요"라는 충격적인 이야기를 했다. 그래서 왜 꿈을 안 갖는 것 같냐고 물었더니, "꿈을 갖게 되면 속박되고 구속되는 것 같아서 싫다"라고 말하더란다. 아무래도 꿈을 갖게 되면 더 많이 공부해야 한다고 생각했던 것 같다. 꿈조차 마음대로 꿀 수 없게 만드는 교육환경, 이것은 우리나라 교육의 가장 큰 문제 중 하나가 아닐까 싶다.

꿈이 있고 목표가 설정되면, 그 다음은 누가 시키지 않아도 노력을 하게 된다. '어떤 일을 하고 싶다'라는 마음 자체가 바로 노력의 동기부여가 되는 것이다. 아이들이 공부를 할 때도 왜 공부해야 하는지, 운동을 할 때에는 왜 운동을 해야 하는지에 대한 동기를 갖게 되면 그 다음에는 누가 강요하지 않아도 자연스럽게 끈기와 열정을 갖고 목표를 향해 나아가게 되어 있다.

● 무엇이 될 것인가가 아닌 무엇을 할 것인가를 생각하라

어린 나이에 세계 챔피언에 오른 김연아 선수를 보면, 나이와 상관없이 존경스러운 마음이 든다. 하나의 분야에서 큰 획을 그었다는 것은 그만큼 대단한 노력과 끈기가 있었다는 것을 의미하기 때문이다. 먹고 싶은 것도 제대로 못 먹고, 고된 훈련만이 반복된 인생을 10년 넘게 살라고 하면 어느 누가 하겠는가? 피겨 분야에 세계 챔피언이 되겠다는 꿈이 없었다면, 자신을 통해 한국의 가능성을 보여주고자 했던 뜻이 없었다면 불가능했을 도전이다. 이루고자 하는 목표가 있었기에 그녀는 매일매일 고단한 과정을 견뎌냈을 것이다. 이처럼 꿈이 있어야만 역경을 자신의 편으로 만드는 긍정의 힘도 생기는 법이다.

나 역시 그랬다. 1960년대 후반에서 1970년대 초반에 학교를 다녔는데, 그때는 우리나라 국민들이 다 어려울 때였다. 먹고 사는 문제가 해결되지 않았던 시대라 나는 어떻게든지 그 상황을 탈피하고 싶었다. 또 나 때문에 고생하시는 부모님께 효도하고 싶은 마음도 컸다. 그때 내가 효도할 수 있는 방법은 오로지 공부를 열심히 하는 것밖에 없었다. 내가 공부하는 모습을 보고 흐뭇해하시고, 시험을 잘 보면 기뻐하시는 모습을 보니까 나에게는 그런 부모님의 모습이 하나의 동기부여가 되었다. 그러니 자연스럽게 공부를 더 열심히 했다.

물론, 어린 시절 공부가 재미있기도 했다. 잘 모르는 분야를 새롭게 알아가는 과정에서 성취감이 굉장히 컸다. 또한 어려운 문제를 해결해내면 얼마나 뿌듯하던지, 당시 나는 지적 호기심을 채워가면서 큰 쾌감과 행복을 느꼈던 것 같다. 그렇게 공부를 하다가 고등학교에 들어가면서부터 과학의 재미를 알게 되었고 과학자가 되고 싶다는 꿈을 갖게 되었다. 좋아했던 공부에 집중하면서 이루고 싶은 꿈을 갖게 된 것이다.

아이들에게는 꿈, 목표, 동기부여가 꼭 필요하다. 하지만 한 가지

무엇이 된 이후에 '무엇을 할 것인가'에 대한
생각이 없다면 그것은 공상처럼 지나가버리는 꿈이 되어
버릴 수 있다. 또한 '내가 무엇이 되어 어떠한 역할을
하겠다'는 생각 없이 되고 싶은 무엇에만 집중한다면
그것은 꿈을 가장한 욕심일 수도 있다.

주목해야 할 사실이 있다. 흔히 우리는 꿈을 이야기할 때 '무엇이 될 것인가What to be'와 '무엇을 할 것인가What to do' 중 '무엇이 될 것인가'에 초점을 맞춰 말하곤 한다. 물론, '무엇이 될 것인가'를 생각하는 것은 중요하지만, 무엇이 된 이후에 '무엇을 할 것인가'에 대한 생각이 없다면 그것은 공상처럼 지나가버리는 꿈이 되어버릴 수 있다. 또한 '내가 무엇이 되어 어떠한 역할을 하겠다'는 생각 없이 되고 싶은 무엇에만 집중한다면 그것은 꿈을 가장한 욕심일 수도 있다.

총장 시절, 대학생들과 소주 한 잔씩 마시다 보면 이야기는 자연스레 취업문제로 이어졌다. 많은 학생들과 직접 만나 이야기를 나누면서 이들에게 취업이 얼마나 절박한 문제인지를 실감할 수 있었다. 사회에 첫발을 내디뎌야 하는 학생들에게는 그 어떤 사항보다도 중요하고 우선적으로 해결해야 할 문제라는 걸 알기에 안쓰럽기도 했다. 그러나 한편으로는 우리 학생들이 다양한 진로와 미래를 설계하지 못한 채 한 방향으로만 달려온 것 같다는 생각에 답답함이 밀려올 때도 많았다.

물론 직업은 삶을 영위하는 데 중요한 수단이고 자신의 꿈을 실현시키기 위한 도구이다. 그런데 인생의 수단이어야 할 직업, 직장이 언제부터인가 젊은이들에게 삶의 목표가 되어 버렸다. 직업을 선택하는 기준도 틀에 박힌 듯 단순해졌다. 급여 수준과 직장 안정성, 그리고 조금 고민한다면 자신의 학과 적성을 살려 취업하기 유리한 곳인지 정도만 따질 뿐, 이 일이 내가 꿈꾸었던 미래와 어떤 연관성이 있는지를 이야기하는 학생을 발견하기는 어렵다.

성인이라 인정받는 대학생들에게조차 어떻게 살아가야 할 것인지에 대한 고민과 꿈은 사치로 여겨진 지 오래인 듯하다. 언제부터였을까? 아이들은 언제부터 이렇듯 쫓기는 삶을 살아가게 된 것일까?

우리나라 학생들은 고등학교를 졸업할 때까지, 오직 학업성적 하나가 인생을 결정짓는다는 소리를 귀에 못이 박히도록 듣는다고 한다. 학교에서, 학원에서, 가정에서, 그리고 TV 드라마를 통해서까지 같은 얘기를 듣는다. 심지어 열심히 공부하면 10년 후 부인 혹은 남편의 얼굴이 바뀐다는 웃지 못할 급훈이 아직도 학교에서 사용되고 있다고 한다.

학생들 역시 그 믿음 속에서 살아간다. 실제로 대학을 결정하는 기준도 상당 부분 학업성적에 따른다. 성적이 좋으면 졸업 후에 취업이 잘되는 학과가 어디인지 먼저 살핀다. 자신의 꿈을 그려볼 여유조차 없을뿐더러 설령 그런 꿈이 있더라도 대학 선택의 과정에서는 중요한 변수가 되지 못하는 게 현실인 것이다.

나아가 어느 대학, 무슨 학과를 졸업했느냐가 직장 선택과 맞물린다. 취업이 어려운 지방대학이나 학과를 졸업한 학생들의 상당수가 공무원 시험을 준비하는 것도 그 때문일 것이다. 그러다 보니 고등학교 때까지의 학교 성적이 인생을 결정짓는다는 이야기가 나올 수밖에 없다. 우리나라 학생들에게 자신의 끼와 장기를 살려 꿈을 꾸는 것은 '이상적인 일'이 된 것이다.

이러한 현실을 자각하며 전남에서는 아이들이 어려서부터 자신의 꿈을 찾아갈 수 있도록 다양한 경험을 하게 한다. 직접적인 체험활동을 통해 자연 속에서 흥미로운 것을 찾게 하고 다양한 실험이나 여러 직업을 미리 체험하는 교육의 장을 만듦으로써 아이들이 스스로 자신의 가능성을 발견할 수 있도록 돕고 있다. 나아가 독서활동을 강화하여 실제로 만나기 어려운 세상의 간접경험 기회를 늘리고 좋은 책과 가까워지게 함으로써 넓게 보고 크게 꿈꿀 수 있도록 안내한다. 꿈을 찾고, 키우는 것이 곧 경쟁력임을 그 누구보다 잘 알기 때문에 이러한 교육철학을 바탕으로 아이들이 보고, 느끼고, 생각할 수 있는 교육환경을 만들어 가고 있는 것이다.

꿈을 키우면 마음의 근육이 자란다

꿈꾸는 사람은 역경을 이기는 강력한 힘을 가지고 있다. 살다 보면 정말 많은 사건과 사고들이 생긴다. 그럴 때 가장 필요한 것은 역경을 딛고 일어서야만 하는 목표, 즉 꿈일 것이다.

몇 년 전부터 꾸준히 이슈화되고 있는 한국과학기술원KAIST 학생들의 자살을 보면서 이들에게 꼭 이루고 싶은 꿈이 있었을까, 그리고 그것을 이겨낼 만한 '회복탄력성resilience'을 갖고 있었을까 하는 생각을 했다. 자살의 주요 원인은 과도한 경쟁에 따른 스트레스였다. 성장 과정에서 항상 1등에만 익숙한 이들이 또 다른 집단에 들어가 뒤처지는 자신을 발견하면서 느꼈을 심리적 박탈감이 극단적인 선택을 하게 했다는 전문가들의 의견이 많다.

최근 긍정심리학 등에서 자주 거론되고 있는 '회복탄력성'은 역경이 닥쳤을 때 좌절하더라도 고무공처럼 튀어 올라 극복할 수 있는 힘, 즉 '마음의 근육'을 의미한다. 인생에서 만나는 크고 작은 역경과 어려움을 도약의 발판으로 삼는 마음의 근력은 꼭 하고 싶은 일이 있을 때, 꿈이 있을 때 더욱 단단해질 수 있다.

스티브 잡스도 처음부터 성공만 했던 것이 아니다. 성공보다 실패를 많이 했다. 그러다가 마지막에 아이폰을 만들어 큰 성공을 이룬 것이다. 그는 나중에 자신이 성공한 이유가 무엇인지 곰곰이 생각해봤는데, 실패를 경험하면서 거기서부터 진정한 배움을 얻었기 때문이라고 말했다. 그리고 그 실패를 극복할 수 있었던 이유는 '꼭 이루고자 하는 꿈'이 있었기 때문이라고 한다.

나는 그의 말에 깊이 공감한다. 나 역시 아끼는 사람, 즉 '저 사람

꿈이 있어야 열정이 생기고, 역경을 이겨내는
힘을 갖게 된다. 그래서 아이들에게는
"마음껏 꿈꾸라"는 말이 필요하다.
꿈을 갖는 데에는 하나의 정답이 없다.

이 잘 되었으면 좋겠다'는 생각이 드는 사람이 있다면 반드시 시련
을 준다. 시련을 겪어본 사람만이 진정한 성공을 이루어낼 수 있기
때문이다. 그리고 그러한 시련을 통해 '저 사람이 꼭 하고자 하는 바
가 있는지'를 확인하게 된다.

꿈이 있어야 열정이 생기고, 역경을 이겨내는 힘을 갖게 된다. 그
래서 아이들에게는 "마음껏 꿈꾸라"는 말이 필요하다. 꿈을 갖는 데
에는 하나의 정답이 없다. 가능한 많은 경험을 통해 자신의 인생을
걸 만한 일을 발견하기를, 좋은 대학을 가야겠다는 생각으로 공부하
기 이전에 꿈부터 찾을 수 있기를 바란다. 꿈을 찾고 그것을 키우는
일이 곧 인생의 참된 경쟁력이기 때문이다.

미래 리더가 가져야 할
핵심 역량

정의감은 자존감을 키운다

공부를 잘하는 능력만으로는 급변하는 미래사회를 이끌어 갈 수가 없다. 그렇다면 미래사회의 리더는 어떤 역량을 가져야 할까? 아이들은 무엇을 배워야 하고 교사와 부모는 무엇을 가르쳐야 할까?

첫 번째는 정의감이다. '정의'가 전제되지 않은 것은 순간은 모면할 수 있더라도 결코 오래가지 못한다. 그래서 진정한 리더는 옳음에 대한 확고한 철학과 소신을 갖고 있어야 한다.

우리나라는 산업화 시대를 거치면서 돈이 곧 정의가 되는 사회가 되어버렸다. 경제 부흥에 대한 집착이 부작용을 낳은 것이다. 일례로 경제개발 과정에서 누군가가 사리사욕을 조금 챙긴다고 해도 그 모든 것이 '잘살아 보자'는 과정 중의 하나로 인식되었기 때문에 별 문제가 되지 않았다. '잘살아 보자' 하나로 모든 것이 용인되었던 시대를 지나며 우리 삶에 중요한 가치들이 모두 경제 성장이라는 목표에 묻혀 희생된 것이다. 그리고 지금까지도 크게 달라지지 않은 정의감의 척도가 자라나는 아이들의 가치관을 형성하는 데에 큰 영향을 끼치고 있다. 이와 같은 상황에서 우리는 '정의감'을 어떻게 아이들에게 가르칠 수 있을까?

사춘기를 지나면서 아이들에게는 각자의 자아가 형성된다. 이 시기에 아이들은 자신이 옳다는 생각을 참 많이 한다. 하지만 이때 자신의 생각이 옳은지에 대해서는 반드시 검증을 거쳐야 하는데, 나는 이 검증 대부분이 바로 책을 통해 가능하다고 본다. 자신이 겪어보지 못한 수많은 경험들이 책 속에 있고, 자신이 생각지 못했던 수많은 의견들도 그 안에 있기 때문이다. 독서를 통해 자신이 옳다고 생각한 것이 진짜 옳은지에 대한 검증이 끝나면 그 다음부터는 자신만의 가치관이 생기고 자존감이 자라날 것이다.

● 실패를 극복하는 힘

미래 리더가 지녀야 할 두 번째 역량은 근기根氣다. 근기는 어려운 우리는 아이들에게 알려주어야 한다.
사람이라면 누구나 실패할 수 있으며,
실패하더라도 또 다른 길이 있다는
사실을 말이다. ─────────────

환경에도 좌절하지 않고 그것을 어떻게든 이겨내는 힘을 말한다. 근기 안에는 의지와 열정, 그리고 앞서 언급한 실패를 극복하는 힘도 포함되어 있다.

전남에서 운영하는 선상무지개학교는 아이들의 근기를 길러주는 데 큰 의미를 두고 있다. 선상무지개학교는 학교에서 배우지 못한 것, 부모님이 가르쳐주지 못한 것, 사회가 가르쳐주지 않은 것을 제한된 공간인 배 안에서 스스로 깨우치면서 어려운 상황들을 극복해 내는 힘을 길러주는 과정이다. 참가한 학생들은 어려움을 극복하기 위해서는 친구를 배려하고 함께 협력해야만 한다는 사실을 자연스럽게 깨닫게 된다.

근기는 실패를 통해 배울 수 있다. 수학영재 100인을 골라 줄을 세우면, 그중에서도 반드시 1등이 나오고 100등이 나온다. 물론 그 100등 역시 아주 영리하고 재주가 있다는 것을 모두 알고 있지만 그렇다고 해도 100등이 꼴찌라는 사실이 달라지지 않는다. 늘 1등만 하다가 처음으로 100등을 했기 때문에, 그 학생은 그동안 가졌던

긍지와 믿음, 자신감이 무너지는 경험을 할 것이다. 이처럼 공부에만 빠져 있으면 그 밖에 다른 세상이 있다는 것을 배우지 못하며, 실패를 해본 적이 없기 때문에 더 큰 상실감을 느낄 수밖에 없다. 그래서 우리는 아이들에게 알려주어야 한다. 사람이라면 누구나 실패할 수 있으며, 실패하더라도 또 다른 길이 있다는 사실을 말이다. 난관에 부딪혀 좌절할 수 있지만 그것을 이겨내는 힘, 근기는 바로 여러 번의 실패를 통해서만 배울 수 있다.

사람을 품을 줄 아는 리더

리더에게 필요한 세 번째 역량은 바로 균형 감각이다. 리더는 혼자서는 될 수 없다. 많은 사람들을 품어야 하는 역할이기 때문이다. 따라서 리더는 다양한 생각을 할 줄 알아야 하며, 여러 의견들을 균형 있게 조절할 수 있는 균형 감각을 가져야 한다. 이러한 균형 감각은 어디서 나올까?

바로 소통에서 나온다. 소통을 해야 상대의 생각을 이해하고 자신의 생각을 더욱 견고히 정리할 수 있다. 일례로, 한 가지 책을 똑같이 읽고 난 후 주변 친구들과 소통을 하게 되면, 같은 책을 읽었더라도 두 사람이 받은 감명과 느낌이 매우 다르다는 것을 알 수 있다. 세 명, 네 명으로 늘어나면 또 달라진다. 이러한 과정을 거치며 상대

의 생각을 진정으로 이해하고 존중할 수 있게 되는 것이다. 상대를
향한 진정한 배려도 여기서 생겨난다.

전남이 독서와 토론을 교육의 주안점으로 두고, 독서 동아리를 활
성화시키는 이유도 여기에 있다. 현재 전남에는 선생님, 학부모, 학
생들끼리 운영하는 독서동아리가 있고, 선생님과 학부모, 학생과 학
부모, 학생과 선생님의 조합을 이룬 독서동아리도 많다. 이처럼 아
이들은 직종이 다르고 삶을 살아가는 위치가 다른 구성원들이 하나
의 책을 읽고 얼마나 다양한 생각을 할 수 있는지를 독서동아리 활
동을 통해 자연스럽게 배워가고 있다. 이를 통해 더 넓게 생각하고,
더 깊게 바라볼 수 있는 안목을 키워나간다면, 리더로서 지녀야 할
균형 감각 역시 자연스럽게 자라날 것이라고 본다.

⦂ 혼자보다 여럿이 유연하게

네 번째 역량은 타인과 협력할 줄 아는 유연함이다. 지금도 그렇
지만, 미래에는 모두의 지식을 다 합쳐도 학생들이 들고 다니는 휴
대전화 한 대의 지식을 당해내지 못할 것이다. 지식의 패턴이 변했
기 때문이다. 20세기는 지식기반 사회로 지식의 양이 중요했으나,
21세기는 정보화 사회로 집단지성이 중요해졌다. 세상의 모든 지식
은 이미 손톱만한 크기의 칩 하나에 들어 있다. 이제는 얼마나 알고

있느냐가 중요하지 않고, 알고 있는 지식을 잘 활용하고 통합하는 능력이 중요하다.

주변에서 말 잘하는 사람들이 쓰는 단어 수를 보면 보통 200~300개라고 한다. 전문가 집단이라고 해도 500단어 정도를 사용한다고 한다. 그 정도의 단어면 일상생활에 불편함이 없다는 뜻이다. 즉, 더 많은 단어를 안다고 해서 사회생활을 더 잘하거나 더 훌륭한 사람이 되는 것은 아니다. 그것을 통합해내는 능력이 필요한 시대가 된 것이다.

미래사회는 집단지성이 주된 역할을 하게 될 것이다. 과거에는 아인슈타인이나 퀴리부인 같은 이들이 단독으로 연구해서 노벨상을 탔지만, 이와 같은 일이 앞으로는 점차 불가능한 일이 될 것이다. 그럼에도 불구하고 우리나라 교수들은 아직도 독방에 혼자 있는 경우가 많다. 옆방 사람과 함께 하려고 들지 않는다. 아무리 좋은 물건이 옆방에 있어도 반드시 나의 것을 갖고자 한다. 융합과 협력이 어려운 사회인 것이다. 이러한 풍토를 비판하며 어떤 사람들은 우리나라는 구조적으로 세계적인 업적이 나올 수 없다고 한탄하기도 한다. 이러한 흐름이 더 이상 대물림되어서는 안 된다. 그래서 공교육의 시작인 초등학교 교육에서부터 아이들에게 협력하는 법을 가르쳐야 한다.

● 독립심과 감사할 줄 아는 마음

다섯 번째로 리더는 독립심이 커야 한다. 리더는 고독한 자리다. 결국 조직이 공감하고, 조직에 희망을 줄 수 있는 비전을 제시하는 것은 리더의 몫이다. 리더가 어떠한 사안이든, 그 본질을 꿰뚫고 있을 때 정확하고 희망찬 비전을 구성원들에게 제시할 수 있다. 이를 위해서는 스스로 문제를 해결할 수 있는 힘을 키워야 한다. 전남 교육이 독서와 체험활동을 통해 아이들 스스로 문제를 해결하는 능력을 높이는 데 주목하는 이유도 여기에 있다. 아이들은 다양한 체험활동과 지속적인 독서를 통해 스스로 생각하고 문제를 해결하는 힘을 자연스럽게 키워나가고 있다.

또한 감사할 줄 아는 마음을 가진 사람이 진정한 리더가 될 수 있다. 요즈음 대부분의 아이들이 휴대전화를 가지고 있다. 부모들은 적게는 50만 원에서 많게는 80만 원까지의 고가 휴대전화를 아이들에게 사준다. 그런데 그렇게 비싼 휴대전화를 사주면 아이들이 부모에게 많이 고마워하는가? "엄마, 아빠가 비싼 휴대전화를 선물로 사주셨으니 정말 열심히 공부하고 효도하겠습니다"라고 이야기하는 아이들이 얼마나 있을까?

나도 그랬지만, 학부모 세대도 마찬가지였을 거라 생각한다. 경제가 어려운 시절에 우리는 자식을 위해 애쓰시는 부모님을 보며 '열심히 공부해서 고생하시는 부모님께 효도해야지, 키워주신 것에 보답해야지' 하는 마음에서 공부를 하지 않았던가. 지금도 달라진 것은 없다고 생각한다. 아이들에게 가르쳐야 하는 것은 감사할 줄 아는 마음이다. 미래의 리더는 실력 있고 머리만 좋다고 될 수 있는 것이 아니다. 자신의 환경과 주변 사람들에게 감사할 줄 아는 깊은 마음을 지닌 사람만이 조직을 긍정적으로 희망차게 이끌어 갈 수 있는 리더가 될 수 있다.

마지막으로, 리더에게 필요한 또 하나의 역량은 바로 헌신, 즉 희생할 수 있는 마음이다. 앞서 제시한 역량들이 자신의 헌신과 더불어 발휘될 때 그때서야 리더로서 구성원들에게 인정을 받게 되는 것이다. 양지만 찾아나서는 사람은 문제를 해결할 수 없다. 어렵고 힘든 일에 맞닥뜨렸을 때 회피하지 않고 문제해결에 적극적이고 긍정적으로 노력한다면 많은 사람들에게 그 용기가 전해져 힘을 모을 수 있고 더욱이 존경받는 리더가 될 수 있다.

리더를 기르는 참된 교육

사회진화론자들은 가끔 '인간은 개미를 이길 수 없다'고 한다. 인간에게는 이기적 유전자가 있으며, 자기희생 유전자는 없다고들 말한다. 그래서 인간은 위기 상황에 직면하면 본능적으로 자기 자신만을 보호하고, 자신의 이익을 우선 취한다는 것이다. 이뿐만 아니라

인간이 개인의 이익을 취하고 자기 집단의 이익을
취하는 것은 어찌 보면 당연한 일이다. 그러한 행위를
모두 나쁘다고는 말할 수 없겠지만 적어도 리더에게는
자기희생, 자기헌신이 반드시 함께 가야 한다. ————

자기를 희생하지 않으려는 본성도 있다고 한다. 반면 개미는 외부로
부터 침입을 받으면 협동해서 전력을 다해 외적을 막아내는 특징이
있으므로 '인간은 개미를 이길 수 없다'고 말하는 것이다.

　인간이 개인의 이익을 취하고 자기 집단의 이익을 취하는 것은 어
찌 보면 당연한 일이다. 그러한 행위를 모두 나쁘다고는 말할 수 없
겠지만 적어도 리더에게는 자기희생, 자기헌신이 반드시 함께 가야
한다. 공동체를 살리고, 조직을 움직이는 힘은 구성원들의 존경심에
서부터 나오며, 이러한 존경심은 희생이나 헌신 없이는 따라오지 않
기 때문이다.

　전남은 미래사회 리더에게 필요한 역량들을 모두 교육에 담아내
고 있다. 아이들이 핵심 가치를 찾아 내면화하게 하고, 바람직한 삶
의 태도를 탐색하면서 미래를 준비하게 하는 참된 교육은 앞으로도
계속될 것이다.

2 ___ 아이를 망치는 공부, 아이를 살리는 공부

조기교육에서
적기교육으로

유치원 조기교육의 부작용

너도나도 조기교육에 집중하고 있는 이때, 아이러니하게도 현직 교장선생님들을 만나면 반복적으로 듣는 부탁이 있다. 바로 영어, 중국어 같은 외국어 조기교육을 유치원에서 못하게 해달라는 것이다. 이유는 무엇일까? 학습의 흥미를 떨어뜨리는 조기교육의 부작용을 교육현장에서 절실히 실감하고 있기 때문일 것이다.

우리나라를 제외한 세계 각국은 영유아 시기의 교육이 이후의 다른 어떤 교육보다 더 중요하다는 것을 인식하고 공통적으로 '인성, 창의성, 행복'이라는 키워드 아래 유아교육에 대한 지원과 투자를 확대하는 추세다.

교육 선진국인 스웨덴의 유치원에서는 그림을 통해 글을 이해하도록 하고 있다. 그래서 교실 내에 복잡한 글자, 숫자 계산, 낯선 외국어를 발견할 수가 없다. 미술 수업의 경우 아동의 예술적인 감각을 발달시키는 것은 물론 물감을 묻혀 친구와 주고받으며 협동심을 키우게 하는 등 다양한 영역이 고루 발달할 수 있는 교육법을 택한다. 즉, 놀이가 중심이 된 교육을 통해 아이들이 자연스럽게 질서와 규칙, 약속 등을 배우는 것을 유치원 교육의 우선으로 삼고 있다.

일본은 유치원 교육의 목표로 다음 다섯 가지를 정하고 있다. 첫째, 건강한 생활 습관을 길러 건전한 심신의 기초를 기를 것. 둘째, 자립과 협동 및 도덕성이 싹트도록 할 것. 셋째, 자연에 대한 관심을 키워 풍부한 사고력을 기를 것. 넷째, 다른 사람과 이야기하고 듣는 태도나 언어에 대한 감각을 기를 것. 다섯째, 다양한 체험을 통해 풍부한 감성을 기를 것. 이처럼 다섯 가지 교육의 목표 안에는 학습과 관련된 언급이 전혀 없다. 일본 역시 유아기 아이들에게 가장 필요한 교육은 사회성, 도덕성, 창의성 등 인성에 바탕을 둔 교육임을 인정하고 있는 것이다.

우리나라의 경우 유아기 아이들의 두뇌 발달을 위해 조기교육을 택하는 부모들이 많다. 유아기 두뇌발달에 가장 좋은 것이 '노는 것'임을 알지 못하고 말이다. 이 시기에는 정말 실컷 놀아야 한다. 즐겁고 신나고 행복해야 감각과 운동신경이 발달하고 두뇌도 함께 발달

한다. 그런데 우리나라 학부모들은 신나게 놀아야 할 유아기부터 사교육을 시키면서까지 아이들의 삶을 구속하는 경우가 많다. 이럴 경우 초등학교까지는 부모가 시키는 대로 곧 잘 따라갈 수 있지만 그 이후의 모습은 장담하기 힘들다. 중학교, 고등학교에 간 이후 놀아야 할 시기에 실컷 놀지 못했기 때문에 억울하다고 하소연 하며 뒤늦게 노래방이나 PC방에 드나들면서 놀지 못했던 한을 푸는 경우도 많다.

100퍼센트 인성교육에 집중해야 할 때

중요한 것은 각각의 발달 과정에 따른 꼭 필요한 교육이 있다는 것이다. 유아기에는 친구들과 마음껏 뛰어놀면서 사회성과 도덕성을 높이는 인성교육에 집중해야 한다. 지식교육도 놀면서 배울 수 있는 방향으로 이루어져야 할 것이다. 유아기 때부터 앞당겨서 지나치게 공부시키는 것은 정말이지 말리고 싶다. 조기교육은 천재적인 능력을 타고난 몇 명을 제외하고는 효과를 거두기가 지극히 어렵기 때문이다. 2015년 방영된 영어 조기교육에 대한 EBS 특집방송은 많은 것을 시사한다.

우리 뇌는 무언가를 발견하기 위해 강제로 쥐어짜기보다는 아무런 목적 없이 자유롭게 놀 때 한층 더 활발하게 움직인다. 긴장감이

우리나라처럼 유치원부터 시작되는 조기교육의 부작용은
생각하는 것보다 훨씬 사회적으로 큰 영향을 미친다.
조기교육의 활성화는 곧 인성교육의 부재를 뜻하기
때문이다. ──────────

없는 편안한 환경은 뇌의 활동을 억제하지 않기 때문에 창의력도 더
욱 잘 발휘된다고 한다. 특히, 유아기 아이들의 경우 문제를 풀거나
외국어 공부를 하는 등 주어진 과제를 해결하려고 할 때, 그 과제에
필요한 뇌의 활동 이외에 다른 활동은 모두 억제된다는 것을 기억할
필요가 있다. 문제풀이 능력이야 높아질 수 있겠지만 그 시기에 발
달해야 하는 창의성이나 사고력은 오히려 크게 떨어질 수 있다는 것
이다.

우리나라처럼 유치원부터 시작되는 조기교육의 부작용은 생각하
는 것보다 훨씬 사회적으로 큰 영향을 미친다. 조기교육의 활성화는
곧 인성교육의 부재를 뜻하기 때문이다. 최근까지도 끊임없이 불거
지고 있는 우리나라 청소년들의 학교 폭력 문제 역시 나는 인성교육
의 부재로 인해 나타나는 심각한 폐해라고 본다. '무엇이 옳은지, 무
엇이 정당한지'에 대한 올바른 가치관을 아이들이 갖고 있지 않다는
것은 그것에 대한 충분한 교육이 이뤄지지 않았음을 뜻하지 않을까?

밥상머리 교육의 중요성

일각에서는 학교 폭력을 감소시키고 해결할 수 있는 근본적인 방법을 인성교육에서 찾고 있다. 또한 기본적인 인성교육이 가정에서부터 다시 시작되어야 함을 자각하면서 가정 내 '밥상머리 교육'의 필요성을 강조하기도 한다.

조선시대 사대부들의 밥상머리 교육으로 쓰인 지침으로 '식시오관食時五觀'이라는 것이 있다. 식시오관의 뜻은 다음과 같다. 첫째, 이 음식에 들어간 정성을 헤아린다. 둘째, 이 음식을 먹을 자격이 있는지 성찰한다. 셋째, 입의 즐거움과 배부름을 탐하지 않는다. 넷째, 음식이 약이 되도록 골고루 먹는다. 다섯째, 인성을 갖춘 후에야 음식을 먹는다. 우리나라는 이처럼 '식사할 때마다 생각해야 할 다섯 가지'를 아이들에게 가르쳐주고 먹을거리를 귀하게 여기도록 가정에서 지도했다.

역대 노벨상 수상자의 30퍼센트가량을 수상한 유대인의 경우 가족이 함께하는 식사를 특별한 가족의식으로 여긴다. 이들은 매주 금요일마다 온 가족이 둘러 앉아 감사 기도로 식사를 시작하며, 식사 시간을 하나의 의식처럼 성스럽게 보낸다. 특히 유대인들은 밥상에서 자녀가 어떠한 잘못이 있어도 절대 혼내는 일이 없다. 자녀를 꾸짖을 일이 있으면 밥상머리에서가 아니라 식사 이후로 미루는데, 이는 가족과 나누는 밥상머리 대화시간을 소중하게 생각하기 때문이다. 이런 이유로 유대인에게 밥상머리는 아이들을 교육시키는 최고의 교육현장으로 여겨진다.

밥상머리 교육과 같은 인성교육이 과연 어떤 교육효과가 있을까 싶지만, 실제로 아이들의 지능개발에도 효과적이라는 연구결과가 나왔다. 일례로 부모가 책을 읽어줄 때 나오는 단어 수는 140여 개에 불과하지만, 가족 식사 중에 나온 단어 수는 1,000여 개에 달한다는 것이다. 2007~2008년 일본 전국 학력평가에서는 일본의 시골 지역인 아키타 현이 제일 높은 성적을 받았는데, 그 이유를 연구한 결과 다른 지역보다 아키타 현의 아이들이 가족들과 함께 식사하는 시간이 많은 것으로 나타났다고 한다. 이처럼 인성교육은 학습능력과 함께 이루어진다는 것을 간과하지 말아야 한다.

전통적으로 어른이 먼저 수저를 들 때까지 기다리는 태도는 절제를, 함께 나누어 먹는 태도는 타인에 대한 배려를 익히는 훈련이었으며, 이것이 곧 한 인간으로서 마땅한 의무였다. 그런데 요즘은 함께 모여 식사를 하는 모습 그 자체가 참 낯선 풍경이다. 꼭 밥상머리가 아니더라도 가정에서 이뤄져야 할 인성교육이 자취를 감춘 지 오래되었다.

음식점이나 백화점, 지하철 등 공공장소에서 마구 뛰어다니며 소리를 지르는 아이들을 제지하지 않는 부모, 아이에게 예의를 가르치는 것은 아이의 기를 죽이는 일이라고 믿으며, 물질적으로는 아낌없이 쏟아 붓는 반면 공부에는 과잉 부담을 주고 예의범절 따위는 전

전통적으로 어른이 먼저 수저를 들 때까지
기다리는 태도는 절제를, 함께 나누어 먹는 태도는
타인에 대한 배려를 익히는 훈련이었으며,
———————— 이것이 곧 한 인간으로서 마땅한 의무였다.

혀 신경을 쓰지 않는 부모가 있는 한 인성교육의 부재로 인한 사회의 심각한 문제들은 앞으로도 해결될 수가 없을 것이다.

자라는 아이들에게 가장 필요한 것은 물질적인 풍요로움, 제 맘대로 행동할 수 있는 자유가 아니라 함께 살아가는 사회에서 기본적으로 갖춰야 하는 성품인 인성을 가르치는 일이다. 유아기에 이뤄져야 할 인성교육이 가정에서부터 시작되어 사회로 이어진다면, 언젠가는 학교 폭력과 같은 어두운 문제들도 깨끗하게 사라질 것이라 믿는다.

학원 다니는 것보다
책을 많이 읽어라

● 자유로운 상상력 만들기

얼마 전 인공지능인 알파고와 이세돌의 바둑대결이 펼쳐진 이후 인공지능이 가져올 미래에 대한 두려움이 조금씩 증폭되고 있다. 전문가들은 인공지능과 인간이 승부를 펼치는 것을 보며 인간이 미래에 살아남을 기초체력은 독서와 같은 학습 과정을 통해 기를 수 있다고 말한다. 현재 초·중학교 학생들은 기계와 경쟁을 해야 하는 첫 미래세대가 될 가능성이 큰데, 이들이 인공지능과의 경쟁에서 앞서려면 인공지능이 감히 도달할 수 없는 창의적, 감성적 분야의 인재가 되어야 한다는 것이다.

알파고가 인간과의 바둑 대결에서 승리할 수 있었던 것은 방대한 정보를 흡수만 한 것이 아니라 스스로 수도 없이 가상 대국을 펼치며 '셀프 시뮬레이션'을 했기 때문이다. 그렇다면 미래를 이끌어 갈 우리 아이들은 어떤 훈련을 해야 할까? 인간이 인공지능에 비해 탁월할 수 있는 부분은 바로 오감을 통해 방대한 자극을 받아들이고 그것을 바탕으로 '창의적'으로 사고할 수 있는 능력이라고 한다. 그래서 전문가들은 이 같은 장점을 살리는 교육이 필요하며, 이를 위해 독서를 통한 뇌 발달이 중요함을 언급하고 있다. 인공지능이 가상 대국을 하듯이 인간은 고전古典과 같은 책 읽기의 반복을 통해 스스로 질문하고 답하며 사고의 영역을 넓혀가야 한다는 것이다.

미래의 핵심 역량으로 손꼽히는 창의성은 축적된 지식을 새로 연결하고 조합할 때 나타난다. 이때의 연결고리가 바로 상상력이다. 자유로운 상상력이 기존 지식들을 그물 짜듯이 종과 횡으로 연결하는데 이 모든 과정은 독서를 통해 가능하다. 그래서 책에 빠진 아이들은 창의적일 수밖에 없는 것이다.

아울러 창의성은 여유에서 비롯된다고 본다. 가만히 생각해 볼 수 있는 마음의 여유, 시간적 또는 물리적인 여유가 있어야 아이들의 생각이 점차 확대될 수 있다. 여유가 있어야 다양하게 상상하고 새롭게 무언가를 창조할 수 있다는 말이다. 요즘처럼 과목별로 학원을 보내며 느긋하게 밥 한 번 먹을 시간조차 없는 시간표가 계속된다면 아이들의 머릿속에는 정형화된 지식만이 가득 찰 뿐 미래를 헤쳐나

특히 뇌의 외형적인 발달이 거의 완성돼 성인과
같은 수준이 되는 만 12세 무렵은 반드시
독서 습관을 들여야 하는 골든타임이라 할 수 있다.
어렸을 때부터 책을 통해 뇌를 춤추게 해야 한다.
이렇게 만들어진 뇌로 평생을 살아갈 수 있다. _____

갈 기초체력이라 불리는 창의력, 상상력은 자라날 여지가 없다. 어른들의 지나친 욕심이 아이들의 창의성을 눌러 버리는 꼴이 되는 것이다.

놀라운 독서 혁명

전 연령에 걸쳐 독서는 중요하지만, 특히 뇌의 외형적인 발달이 거의 완성돼 성인과 같은 수준이 되는 만 12세 무렵은 반드시 독서 습관을 들여야 하는 골든타임이라 할 수 있다. 어렸을 때부터 책을 통해 뇌를 춤추게 해야 한다. 이렇게 만들어진 뇌로 평생을 살아갈 수 있다. 초등학교 때까지 책을 많이 접하지 못하면 결국 어휘력이 부족해져 이해력이 떨어지고, 이해하기 힘드니 재미를 못 느끼게 되어 책을 점점 더 멀리하는 악순환이 반복되는 경우가 많다고 한다.

독서의 중요성을 실감한 교육 선진국들은 저마다 고유한 독서 문화를 갖고 있다. 미국에서는 신생아부터 11세 아이들을 대상으로 한 '독서는 기본Reading is Fundamental' 프로그램'을 통해 책을 선물하거나 읽어주는 문화가 있다. 영국에서는 아기를 출산한 뒤 산모의 가정을 방문하는 간호사를 통해 책을 선물하는 '북스타트BookStart' 운동이 유명하고, 프랑스에서는 0~3세 영·유아와 가족들을 대상으로 책 읽기 요령을 알려주는 '첫 페이지Premieres Pages'와 같은 독서 교육 활동이 풍성하다. 가히 '독서 전쟁'이라 불릴 만큼 어려서부터 아이들이 책을 습관처럼 접할 수 있는 문화를 만들어가고 있는 것이다.

교육 선진국인 핀란드와 미국에도 독서를 통한 토론수업을 강화하고 있다. 특히 핀란드는 독서가 교육의 전부라고 해도 과언이 아닐 정도이다.

'석가와 예수의 참선, 기도의 공통점과 차이점을 설명하시오.' 이는 영국 중학교의 시험문제다. 교과서만을 공부해서는 답을 쓸 수 없는 문제가 아닌가? 철학적인 생각과 다양한 사고를 통해 자신만의 정답을 만들어내야 하기 때문에 독서를 많이 하지 않으면 풀어낼 수 없다. 이처럼 시험문제만으로도 그 나라가 추구하는 교육법을 알 수 있다.

그렇다면 우리나라의 독서 교육현실은 어떨까? 사실 우리나라는 학생은 물론이고 어른들도 책을 안 읽기로 유명하다. 15세 때 한국인의 읽기능력은 OECD 국가 중 1위인데 이후 조금씩 떨어지다가 55세 이상이 되면 최하위가 된다. 15세 때의 읽기능력이 최고점을 찍는 것은 시험문제를 대비하기 위해 읽는 책들이 많기 때문이다. 빨리 읽고 빨리 풀어야 높은 점수를 받을 수 있기 때문에 읽기능력도 숙련될 수밖에 없다. 그러나 청소년 시기에 책 읽는 재미나 독서의 참맛을 제대로 깨닫지 못했기 때문에 이후 시험을 볼 필요가 없어진 어른이 되고 나면 더 이상 책을 가까이 하지 않게 되는 것이다.

책을 읽는 대신 문제를 하나 더 푸는 게 낫다고 생각한다면 다음의 결과에 주목할 필요가 있다. 한국직업능력개발원은 2004년 당시 중3 학생들을 12년간 추적 조사하여 실제로 독서량과 수능점수가 비례한다는 결과를 내놓았다. 기존까지 시험문제와 무관한 독서는 허용되지 않던 분위기 때문에 고등학교 재학 중 교양서적을 한 권도 읽지 않은 학생이 50퍼센트 가까이 됐지만, 실제로 책을 한 권도 읽지 않은 학생과 11권 이상 읽은 학생의 수능성적을 분석한 결과 언어, 수리, 외국어 영역별로 표준점수가 10~20점의 큰 차를 보였던 것이다.

책 안에 인생 지혜가 다 있다

세계적인 토크쇼 진행자로 손꼽히는 오프라 윈프리. 그녀는 현재 세계 어느 나라의 대통령보다 더 많은 이들에게 긍정적인 영향력을 끼치는 사람 중 하나다. 결손가정에서 외할머니의 손에 자랐고, 어려서 성폭행을 당해 미혼모의 삶을 살았지만, 그녀는 지금 많은 이들이 존경하는 한 사람이 되었다. 그녀가 말하는 토크쇼 진행의 원천은 독서에 있다. 독서를 통해 얻은 풍부한 지식이 25년에 걸쳐 흔들림 없는 진행을 하게 만든 것이다. 어떤 이야기가 나와도 풍부한 대화가 가능한 것은 그녀의 삶 안에 다양한 책들이 스며들어 있기 때문이다.

세계를 정복했던 나폴레옹도 전장에 나갈 때 책을 마차에 가득 싣고 떠났다. 전쟁의 새로운 전략이 책에서 나왔고, 세상을 이끌었던 리더십도 바로 그 책에서 나온 것이다.

나 역시 학교 다닐 때에는 어려운 고등수학, 물리, 이론화학 등을 공부하는 데 많은 시간을 들였지만, 사실 세상을 살아가는 지혜와 힘은 학문적인 지식보다는 독서를 통해 많이 얻었다. 요즘도 철학서와 경전 같은 경우는 100번 이상 반복해서 읽기도 한다. 여러 번 읽어야 이해가 되기도 하고, 읽을 때마다 다른 메시지를 발견하기 때문에 늘 곁에 두고 보는 편이다.

또한 문제가 생겼을 때나 새로운 교육정책을 고민할 때 가장 많은 도움을 받는 것 역시 바로 책이다. 전남도교육감으로서 임기를 시작한 이후 끊임없이 독서 교육을 강조한 이유 역시 내가 책의 힘을 경험하며 살고 있기 때문이다.

빌 게이츠는 말했다. "내 아이들에게 당연히 컴퓨터를 사줄 것이다. 하지만 그보다 먼저 책을 사줄 것이다." 컴퓨터 안에는 수많은

요즘도 철학서와 경전 같은 경우는 100번 이상
반복해서 읽기도 한다. 여러 번 읽어야
이해가 되기도 하고, 읽을 때마다 다른 메시지를
발견하기 때문에 늘 곁에 두고 보는 편이다._____

정보가 담겨 있지만 그것을 보기 전에 먼저 책을 보게끔 하겠다는
그의 말에서 새삼 독서의 중요성을 실감하게 된다.

　독서의 효과는 당장 나타나지 않을 수 있다. 하지만 아이들이 읽
은 것은 머리와 가슴에 심겨져 사라지지 않는다. 차곡차곡 쌓다 보
면 반복된 문제풀이로는 도무지 만들어지지 않는 사고력과 창의력,
상상력이 커가는 것을 발견할 수 있을 것이다. 독서를 통해 아이들
이 마음껏 세상을 경험할 수 있도록 가정과 학교, 사회의 노력은 계
속되어야 한다.

세상을 새롭게 보는 시기,
사춘기

• 중2병은 꼭 필요하다

'중2병'이라는 말이 급부상하는 요즘, 사춘기 자녀를 둔 부모의 부담은 그만큼 커진다. 지금까지 말 잘 듣던 아이가 하루아침에 달라져서 '나는 왜 태어났는지, 왜 살아야 하는지, 공부는 왜 해야 하는지'에 대해 자기주장을 펼치기 시작하면 눈앞이 캄캄해진다는 학부모들이 많다.

성장기에 누구나 겪게 되는 사춘기, 사춘기는 세상을 새롭게 보는 시기이다. 이전까지는 생각하지 못했던 질문들이 가슴 속에 자꾸 생겨나는 때이다. 자신을 중심으로 돌던 세상이 어느 순간 사라지면

사실 그동안 우리나라 교육에서 직접체험의
기회는 거의 없었다. 전남도교육청에서 중학교 학생들을
대상으로 다양한 체험교육을 병행하겠다고 결정했을 때,
교사들부터가 많이 낯설어했다. ───────

서, 세상에서 자신의 존재와 역할이 미미하고 한계가 있다는 것을
느끼는 순간을 맞는다. 자신의 힘이 미약하다는 것을 인식하면 세상
에 대한 반항이 생겨나는데, 이때 아이들이 세상을 어떻게 인식하
는지가 향후 그들의 인생에 지대한 영향을 미친다. 사춘기 때 형성
된 가치관이 평생을 간다고 해도 과언이 아니다. 성인이 된 후에도
중·고등학교 때의 생각은 지속된다. 대학에 가면 달라질 수 있다고
생각할 수 있지만, 대학에서는 지식과 경험을 더할 뿐 가치관 형성
은 이미 청소년기에 완성된다고 할 수 있다.

● 사춘기 아이들에게 필요한 것

세상을 바라보는 바른 시선과 가치관을 형성하는 때인 만큼 사춘
기 아이들에게는 다양한 체험이 필요하다. 체험에는 간접체험인 독
서와 직접체험이 있는데, 이 시기에는 직접적인 체험을 통해 새로운

사춘기 아이들에게는 자신이 좋아하는 분야를
스스로 선택할 수 있게 함으로써
자존감을 높여주고 자신감을 심어줄 수 있다.

세상을 만나고 미래를 그려나갈 수 있는 기회를 아이들에게 충분히
제공해야 한다.

사실 그동안 우리나라 교육에서 직접체험의 기회는 거의 없었다.
전남도교육청에서 중학교 학생들을 대상으로 다양한 체험교육을
병행하겠다고 결정했을 때, 교사들부터가 많이 낯설어했다. 그 정도
로 체험교육은 우리나라에서 익숙지 않은 형태였다.

직접체험은 말 그대로 직접 경험하면서 느끼고 배우게 하는 교육
이다. 기존까지는 교과서에서 글을 통해 식물의 종류와 영양소 등을
공부했다면 직접체험은 아이들이 논, 밭에 가서 식물을 키워 보고
수확하며 자연스럽게 자연의 원리를 깨닫게 하는 교육방식이다. 누
가 알려주지 않아도 아이들은 식물을 직접 키우고 만져 보면서 자연
스럽게 그 종류와 특징을 알게 되고 나아가 식량의 중요성까지도 깨
달을 수 있게 된다. 이런 과정에서 누군가는 식물을 연구해 보고 싶
다는 생각을 할 것이고, 또 다른 누군가는 자연의 아름다움을 시로
써보고 싶다는 생각을 하는 등 저마다의 꿈을 키워나갈 것이다.

이처럼 사춘기 아이들에게는 자신이 좋아하는 분야를 스스로 선택할 수 있게 함으로써 자존감을 높여주고 자신감을 심어줄 수 있다. 어떤 분야든 관심이 생길 수 있도록, 그래서 더욱 집중해서 열심히 파고들 수 있도록 돕는 역할을 학교가 담당해야 한다.

사춘기가 일부에게는 가볍게 지나가는 반항기일 수도 있지만, 그 시기를 혹독하게 치르는 아이들도 있다. 중독, 일탈 등 물리적으로 자신을 내모는 아이들, 아무리 노력해도 안 된다는 생각에 정서적인 죽음으로 내달리는 아이들. 이들에게 필요한 것은 무조건 믿어주는 한 사람이다. 이 시기 아이들은 '존재 자체를 신뢰한다'는 메시지를 절박하게 찾고 있음을 기억해야 한다. 가정에서는 자녀를 향한 기대 수준을 낮추고 신뢰감을 보여주며, 아이 스스로 선택할 수 있도록 끝까지 배려하고 기다려주는 것이 중요하다.

믿는 만큼 자라는 아이들

나 역시 혹독한 사춘기를 겪었다. 공부 잘하는 모범생으로 반항 없이 지냈을 거라고 생각하는 사람들이 많은데, 당시에는 이유 없는 반항도 했고 집을 몇 번 나가기도 했다. 그럴 때마다 나를 따뜻하게 안아주셨던 분이 바로 외할머니다. 말썽을 피워도 아무 말씀 안 하시고 그저 안아만 주셨던 기억이 사춘기 시절의 나를 바로잡았다.

'나를 믿어주시는구나, 나를 존재 자체로
사랑해주시는구나' 하고 느끼니
감히 엇나갈 수가 없었다.

'나를 믿어주시는구나, 나를 존재 자체로 사랑해주시는구나' 하고
느끼니 감히 엇나갈 수가 없었다. 아직도 나는 외할머니의 따뜻함을
잊을 수가 없다. 이런 경험이 있기에 나는 사춘기 자녀들 때문에 힘
들어 하는 부모들을 만나면 존재 자체로서 아이들을 사랑하고 신뢰
해주기를 당부한다.

사춘기는 반항의 시기이기도 하지만 세상을 새롭게 바라보며 자
신의 진로를 찾아가는 때이기도 하다. 그래서 이 시기에는 스스로
꿈을 찾을 수 있도록 안내해주는 교육이 무엇보다 필요하다. 직업
선택에 있어 아이들은 미래에 대한 기대감도 있지만 막연함과 불안
감을 갖고 있다. 자신의 적성과 상관없이 선택하는 경우도 많은데,
그것은 자신의 장점을 제대로 알지 못하기 때문이다. 자신이 누구인
지, 무엇을 할 때 즐거워 하는 사람인지를 알려면 그만큼 많은 경험
이 필요하다. 경험한 만큼 내재되어 있는 꿈과 끼를 발견할 수 있기
때문이다.

● 선택은 아이들의 몫이다

사실 진로 선택에 있어 가장 방해되는 것 중 하나가 부모의 간섭이기도 하다. 진로에 대해 많은 정보를 알고 있기 때문에 자식에게 좋은 길을 알려주고 싶어 하는 것은 당연한 일이지만, 장기적으로 봤을 때 자신의 욕심을 접고 아이의 선택을 믿고 지원해주는 것이 가장 효과적이라고 말하고 싶다. 이 시기 진로선택은 결국 아이들의 몫이라는 사실을 잊지 말아야 한다.

진로선택의 중요성을 자각한 정부는 2016년부터 자유학기제를 운영하고 있다. 자유학기제는 중학교 교육과정 중 한 학기 동안 학생들이 중간·기말고사 등 시험 부담에서 벗어나 꿈과 끼를 찾는 다양한 체험활동을 하도록 지원하는 제도인데, 이때에는 토론, 실습 등 학생 참여형 위주의 수업을 한다. 이는 학생들의 창의성을 높이고 체험활동을 통해 스스로 꿈을 찾아갈 수 있게 돕는 과정으로 긍정적인 효과를 기대하고 있다.

전남도교육청은 자유학기제의 시범교육청으로 선정되어 일찍부터 자유학기제를 운영해왔다. 2013년 연구학교 3교(순천이수중, 화순동면중, 청산중), 2014년 연구학교 3교(곡성중, 삼호서중, 삼계중), 희망학교 59교를 운영했으며 순천교육지원청을 선도교육지원청으로 정해 자유학기제의 기반을 다졌다. 이어 2015년에는 연구학교 6교와 희망학교 177교를 운영했으며, 광양을 선도교육지원청으로 추가 지정하여 운영했다. 또한 자유학기제 전담 지원을 위해 22개의 교육지원청에 자유학기제·진로체험지원센터를 설치하여 운영하고 있다.

자유학기제가 성공하려면 세 가지 조건이 필요하다. 먼저 학생들이 원하는 체험을 마음껏 할 수 있는 공간과 시설이 마련되어야 한다. 이를 위해서는 정부 예산이 필요하고, 학교 단위의 효과적인 프로그램 역시 어우러져야 한다. 세 가지 중 하나라도 미흡한 상태에서 자유학기제를 전국적으로 시행할 경우, 학부모의 입장에서는 우려하지 않을 수가 없을 것이다. 수업시간이 줄어들고 시험을 안 보는 만큼 아이들이 그저 놀기만 한다고 생각할 수 있기 때문이다. 이럴 경우 사교육에 더욱 의지하는 부작용이 생길 수 있으니 시설, 예산, 프로그램 면에서 정부의 지속적인 뒷받침이 필요하다.

교육이 바뀌어야 할 때

사실 전남은 체험학습이 중심이 되는 무지개학교를 세워왔기 때문에, 자유학기제를 위한 기반을 이미 갖추고 있었다. 체험시설과 프로그램, 강사들의 활용계획도 모두 준비가 되어 있는 상황이다. 특히, 2016년 자유학기제 전면 실시에 따라 운영 효과를 극대화하기 위해 전남도교육청은 자유학기제 운영 매뉴얼을 도시형, 농촌형, 도서형으로 구분해 지역 여건에 맞는 차별적인 지원을 이어가고 있

'공부는 왜 하는가? 나는 왜 사는가?
어떻게 살아야 하는가?'에 대한 답은
결국 각자의 경험 안에서 찾을 수 있다. ──────────

다. 또한 적성과 소질에 맞는 다양한 진로탐색의 기회를 제공하기 위해 지역별 진로체험처를 2,000여 개 발굴했으며, 학교별로 학부모 및 자영업에 종사하는 일반인 약 1만 명을 대상으로 '전남형 자유학기제 · 진로직업체험 지원단'을 구성하기도 했다.

예컨대 아이들이 농어촌 체험을 할 때는 그 지역의 농업인이 지원 강사로 나서거나 만두가게, 꽃가게 등 작은 상점을 운영하는 소상공인들이 지역 강사로 직접 활동할 수 있도록 인력풀을 확보해 놓았다. 교육이 학교를 통해서만 이뤄지는 것이 아니라 지역사회와 함께 공동으로 이뤄나갈 수 있는 틀을 마련한 것이다.

이로써 아이들은 뜬구름 잡는 체험이 아니라 삶의 현장에서 기성세대의 땀과 노력의 결실들을 바라보며 저마다의 꿈을 키워나가게 될 것이다.

사춘기 아이들이 갖고 있는 수많은 물음표들, 즉 '공부는 왜 하는가? 나는 왜 사는가? 어떻게 살아야 하는가?'에 대한 답은 결국 각자의 경험 안에서 찾을 수 있다. 교육이 할 수 있는 일은 세상을 새롭게 바라보는 사춘기 아이들이 최대한 많은 것들을 보고 느끼고 체험할 수 있도록 다양한 기회를 제공해주는 것이다. 방황의 시기를 통해 세상을 바라보는 올바른 시각을 가질 수 있도록, 꿈을 찾고 어떻게 살아야 하는지에 대한 각자의 답을 찾을 수 있도록 이제는 교육이 바뀌어야 한다.

수능만 바라보는
고등학생의 한계

왜 공부를 하는가

우리나라의 수능은 암기능력과 문제풀이 기술이 뛰어난 학생을 위한 제도로 고착되었다는 평을 받고 있다. 일상생활과 동떨어진 교육, 아이들의 사고력을 오히려 차단하는 문제풀이식 공부법에 변화가 필요함을 많은 이들이 외치고 있지만, 아직도 우리나라의 교육과정이 바뀌지 않는 이유는 수능 때문일 것이다.

어느 대학을 졸업했느냐에 따라 직장이 달라지는 사회, 대우가 달라지는 사회, 이른바 대한민국은 아직도 학벌사회다. 고학력이 곧 고소득이라는 의식이 팽배해 대부분의 학생과 학부모들은 수능시험 고득점만을 바라보고 있다. 아이들이 가진 다양한 끼와 능력이 수능시험이라는 하나의 잣대로만 평가되고 있는 현실이 안타까울 따름이다.

지금 우리나라 대학 진학률은 80퍼센트에 육박한다. 대학에 안 가면 졸지에 하위 20퍼센트가 되는 것이다. 그래서 재수를 다섯 번씩이나 해서라도 대학에 가려는 학생이 있고, 나중에 스펙처럼 따라붙을 수 있도록 인in서울, 즉 수도권 대학에 가려는 학생들의 쏠림현상도 계속되고 있다.

그런데 이런 현상은 세계적인 흐름과 일치하지 않는다. 선진국들은 이미 학력 중심이 아닌 능력 중심의 사회로 변하고 있다. 학력만으로 누군가의 능력을 평가하는 것이 무의미하다는 것을 깨달았다는 뜻이다. 때문에 교육방식도 능력 중심으로 변하고 있다. 실제의 삶에 적용할 수 있고 사회에서 활용할 수 있는 교육이 크게 강조되고 있다.

그렇다면 여기서 근본적인 물음을 던지지 않을 수 없다. 우리는 왜 공부를 하는가? 결국 자립하기 위해서다. 인간은 경제적으로 자립하여 사회구성원으로서 국가와 인류의 발전에 기여하며 살 때 행복과 보람을 느끼는 존재이다. 따라서 교육의 방향성도 한 사람이 사회구성원으로서 당당히 자립하며 살아가는 데 도움을 주는 쪽으로 맞춰져야 한다.

그러나 우리나라 학생들에게 대학이란, 인생의 성공과 연결된 관

우리는 왜 공부를 하는가? 결국 자립하기 위해서다.
따라서 교육의 방향성도 한 사람이 사회구성원으로서
당당히 자립하며 살아가는 데 도움을 주는 쪽으로
맞춰져야 한다. ─────────

문이라는 가치관 때문에 당연히 입학해야 하는 곳이 되었다. 불과
얼마 전까지만 해도 특성화 고등학교가 대거 인문계 고교로 바뀌었
고, 그 결과 넘치는 대졸자들은 적절한 일자리를 찾지 못하고 있다. 그
런데 기업은 오히려 인력난에 시달린다. 정작 산업현장에 필요한 인
재는 부족한 실정이다. 학력 중심, 스펙 중심의 채용문화로 인해 취업
준비생들이 한 방향에만 목표를 두고 도전하기 때문이다. 이런 상황
을 극복하려면 근본적으로 직업교육을 강화해 대학 진학률을 40퍼
센트까지로 낮추어야 한다는 목소리가 높아지고 있다.

  2013년 OECD 발표에 따르면 우리나라의 직업교육 학생 수 비
율은 19퍼센트로 다른 OECD 국가의 직업교육 학생 수 비율에 비
해 현저히 떨어진다. OECD 국가의 평균 직업교육 학생 수 비율은
47퍼센트이며, 국가별로 보면 중국 53퍼센트, 호주 50퍼센트, 독일
48퍼센트, 인도네시아 43퍼센트, 영국 39퍼센트, 일본 23퍼센트이
다. 우리나라의 낮은 직업교육 학생 수 비율은 국가경쟁력과도 밀접
한 관련이 있다. 수요인력 공급 부족에 따른 생산성 저하와 늦은 취업

으로 인한 높은 기회비용 지출로 경쟁력 저하를 초래하기 때문이다.

경쟁력 있는 사회, 나아가 건강한 사회가 되기 위해서는 지금까지 고집했던 대학진학이라는 끈을 놓고, 아이들이 가진 다양한 재능이 자라날 수 있는 취업의 길을 열어주어야 한다. 세상에는 하나의 정답이 아니라 여러 개의 해답이 있을 수 있음을 교육을 통해 아이들에게 알려주어야 한다.

다양한 길을 열어주는 교육

교육감이 되고 가장 신경 썼던 부분 중 하나가 특성화 고등학교의 활성화이다. 수능에만 얽매이지 않고 자신의 꿈을 당당하게 펼칠 수 있는 다양한 길이 있음을 알려주고 싶었다. 공부가 아닌 다른 분야에 재능 있는 학생들이 얼마나 큰 가능성을 가지고 있는지 학부모들에게 보여주고 싶었다. 그래서 임기 초반부터 전남 고유의 직업교육 정책을 마련하기 위해 전문가 집단으로 테스크포스Task Force팀을 꾸리고 1년 넘게 직업교육 프로그램을 짰다. 여기서 나온 것이 '기업맞춤형 MCMutual Creative+교육 System'이다.

기업맞춤형 MC+교육 System은 취업 중심의 특성화 고등학교 실현을 위해 학교와 기업, 교육청이 협약하여 기업이 요구하는 교육과정을 공동으로 개발하고, 기업체가 참여하는 정규교육과정을 운영하는 제도를 말한다. 참여한 학생의 경우 학교, 기업, 교육청으로부터 70점 이상을 획득하면 해당 업체에 취업할 수 있다. 이 시스템은 전라남도교육청이 독자적으로 개발한 것으로 2013년에 특허를 획득하였다.

기업맞춤형 MC+교육 System의 가장 큰 성과는 획기적으로 높아진 특성화고 학생들의 취업률에 있다. 2010년 전남지역의 특성화고 취업률은 대략 18퍼센트 정도였다. 그 후 2012년에 37.6퍼센트로 올랐다가 2013년 67.3퍼센트, 2014년 75.9퍼센트로 껑충 뛰어 2년 연속 전국 1위를 차지했으며, 2015년에도 75퍼센트 이상의 취업률로 3년 연속 전국 1위를 달성했다. 이러한 성과에 힘입어 전남 특성화고의 신입생 지원율은 매년 높아지는 추세이다. 전국 대비 전남 특성화고의 수와 학생 수가 가장 많다는 사실은 학생과 학부모가 높은 만족감을 느낀다는 뜻일 것이다.

최근 정부에서도 마이스터 고등학교를 늘리겠다는 전략을 발표했다. 좋은 방향이라고 생각한다. 단지 일부의 마이스터 고등학교에만 집중 투자하는 수준을 넘어서 모든 직업계 고등학교가 마이스터 고등학교로 변화되어 가는 과정이 계속되어야 할 것이다.

마이스터 고등학교의 활성화는 앞서 말한 대로 사회 시스템을 건강하게 만드는 일이다. 그간 우리는 대학진학을 선호했고, 대학의 양적인 팽창과 맞물려 많은 학생들이 대학 입학을 당연시 했지만 현실은 어떠한가? 대졸자 취업률이 50퍼센트를 넘지 못하고 있다. 이로 인해 국가 경제와 국민들의 정서도 함께 흔들리고 있다.

수능에 목숨 걸지 마라

　교육감이 되고 보니 아이들이 흥미 없어 하는 수업을 억지로 가르치는 경우가 많다는 것을 알게 됐다. 수업을 위한 수업이 만연한 것이다. 학교는 아이들이 재미있어 하는 분야를 발견하고 그것을 마음껏 배울 수 있는 길을 열어줘야 한다. 그런 의미에서 인문계 고등학교뿐 아니라 마이스터 고등학교와 같은 특성화 고등학교의 문도 활짝 열려야 한다. 사회에 필요한 인재는 대학을 통해서만 양성되는 것이 아님을 아이들은 물론 기성세대에 알릴 필요가 있다.

　마이스터 고등학교를 선택하면 선취업을 하는 것이고, 일반계 고등학교를 선택하면 선진학을 하는 것이다. 어느 학교를 선택하든지 아이들은 궁극적으로 취업을 향해 걸어간다. 과정은 달라도 목적지는 같다. 특히 마이스터 고등학교를 선택해 일찍 취업할 경우, 더 알고 싶고 배우고 싶은 분야가 생기기 마련이다. 그때 자기가 원하는 방향을 정해 대학에 입학한다면 학문에 대한 진지함과 열의는 저절로 확보될 것이다.

　고등학생은 청소년기의 마지막 단계이며, 자신의 진로에 대해 많은 생각을 하는 시기이다. 본인만의 자아가 생기기 때문에 몇몇 국

마이스터 고등학교를 선택하면 선취업을 하는 것이고,
일반계 고등학교를 선택하면 선진학을 하는 것이다.
어느 학교를 선택하든지 아이들은 궁극적으로
취업을 향해 걸어간다. _____

가들은 고등학생에게 투표권을 주기도 한다. 그만큼 스스로의 인생
을 책임질 수 있는 나이라고 보는 것이다.

　진로를 선택함에 있어서도 마찬가지다. 아이들이 스스로 선택할
수 있게 해야 한다. 기성세대의 가치관으로 대학을 당연히 거쳐야
하는 관문으로 만들어 수능에만 목숨을 걸지 않도록, 자신이 가진
능력과 재능이 무엇인지를 발견할 수 있도록 충분한 기회를 열어주
는 사회가 되어야 할 것이다. 아울러 우리나라가 갖고 있는 학벌위
주 사회의 고질적인 문제들이 마이스터 고등학교의 활성화를 통해
해결점을 찾게 되기를 희망해 본다.

시험, 쉽게 내면
안 되는가

● 물수능의 필요성

　해마다 수능이 끝나면 어김없이 난이도 논란이 일어난다. 이전 해의 수능이 쉬웠을 경우 그 다음 해에는 어김없이 높아지는 수능 난이도. '물수능' 논란을 피하고 상위권 수험생의 변별력을 확보해야 한다는 이유로 우리나라 수능의 난이도는 높아져만 가고 있다.

　우리나라를 제외하면 어떤 나라도 대학 입시로 네 과목 이상을 보지 않는다. 대신 과목 선택의 폭이 넓어서 잘하는 과목 공부에 더욱 집중할 수 있도록 돕고 있다. 이를 통해 다양한 분야의 전문가를 양성하고자 하는 것이다. 하지만 우리나라는 수능으로 열 과목 이상

공부해야 하는 과목 수도 많고, 수능 문제의 난이도는
계속해서 높아지다 보니 학부모들이 사교육에
더욱 의지하게 되는 악순환이 반복되고 있다. _____

을 평가한다. 고등학교 3학년까지 전 과목을 다 잘해야 하는 교육시
스템인 것이다. 한 학기당 최소 열 개 과목 이상을 배워야 하고, 수
능뿐만 아니라 내신 성적에도 신경을 써야 하기 때문에 어느 과목도
소홀히 할 수가 없다. 공부해야 하는 과목 수도 많고, 수능 문제의
난이도는 계속해서 높아지다 보니 학부모들이 사교육에 더욱 의지
하게 되는 악순환이 반복되고 있다.

　세계의 교육학자들은 한국 교육제도의 진전을 가로막는 장애물
로 수능을 꼽는다. 단 한 번의 시험에 모든 것을 걸어야 하는 구조이
기 때문에 아이들이 자신만의 목표를 추구하기가 어렵다는 것이다.
논리력과 통합적 사고력을 측정하기 위해 생겨난 시험이지만, 지금
은 매년 60만 명이 넘는 수험생을 최단시간에 줄 세우는 오지선다
형 객관식 시험으로 변했다. 아이들은 흥미나 적성, 진로 대신 고득
점이 가능한 과목을 시험 과목으로 선택하며, 교실에서는 수능 출제
과목과 비출제 과목으로 나누어 국·영·수 중심 수업을 진행한다.
교사들의 교육방법도 수능 고득점에 유용한 지식위주, 문제풀이형
수업에 최적화된 지 오래다. 이를 극복하기 위한 다양한 방법론이

논의되고 있지만, 수능이 바뀌지 않는 한 교육제도의 획기적인 변화를 추구하는 데에는 한계가 있을 수밖에 없다.

초·중·고등학교의 수업은 결국은 수능을 대비하기 위한 과정으로 인식되기 때문에 수능 난이도에 따라 교과 수준도 계속해서 높아져만 간다. 대학에 입학해서 배워도 되는 전문적인 내용을 고등학교 때 미리 학습하는 경우가 많다. 이럴 경우 학문에 대한 순수한 흥미가 떨어질 수밖에 없다. 대학생이 되어 강의를 듣는데 고등학교 때 배웠던 내용이 대부분이라면 누가 공부를 하겠는가? 그래서 대학교 1년을 그냥 보내버리는 학생들이 많다고 한다.

나 역시 비슷한 경험을 했다. 고등학교를 졸업하고 서울대 화학과를 들어갔는데 대학교 1학년 화학, 물리, 수학 등 교양과정의 내용들이 고등학교 때 배웠던 내용과 별 차이가 없었다. 2학년 전공수업에 들어갔을 때도 상당 부분은 이미 고등학교 때 학습한 내용이었다. 그만큼 우리나라 중고등학교의 교과 수준이 너무 높고 양이 많다는 것이다. 2013년 스웨덴에서 대한민국의 교육방식을 배워야 한다는 논란이 있었을 때 교육부 장관 로벤은 스웨덴 학생들에게 주당 60시간 이상을 공부하라고 강요할 수 없다며 우리나라의 교육을 혹평한 적이 있다.

한때 과학자의 꿈을 품고 공부했던 나는 능력의 한계와 학문적 한계를 느끼면서 과학자의 길을 접었다. 과학의 기본은 수학인데, 내가 중·고등학교 때 배웠던 수학은 원리를 따져서 깊게 탐구하는 과정이 아니라 문제풀이 위주여서 사고의 단절을 가져온 것이다. 사고력과 창의력 부족으로 한계를 느끼다가 결국 과학자의 꿈을 접을 수밖에 없었다.

아직도 우리는 수학시간에 문제풀이 이상의 사고를 논하는 것을 쓸데없는 일이라 여긴다. 설령 수학적 사고에 소질이 있는 학생도 문제풀이식 교육 때문에 더 깊게 들어가지 못하는 경우도 있다. 나는 우리나라 자연과학 발전이 더딘 이유를 어릴 때부터 학생들의 상상력과 창의성을 길러주지 못했기 때문이라고 본다. 쉽게 질리게 만드는 교육, 타성에 젖게 만드는 교육이 정말 뛰어난 과학자가 나올 수 있는 터전을 없애버리고 있는 것이다.

교육 선진국들은 수학을 가르칠 때, 경제관념부터 가르친다. 학생들에게 가상지폐를 주고 주식투자를 해보게 하는 등 일상적으로 사용할 수 있는 수학적 지식을 가르치고 있다. 실생활 경험을 통해 재미있게 수리를 익히면서 저마다의 경제관념을 습득할 수 있도록 돕는 것이 수학 교육의 기본이다. 우리나라 수학시간에 배우는 미분, 적분은 일상과 동떨어져 있지만, 교육 선진국들이 수학 시간에 가르치는 지폐와 주식투자는 일상과 맞닿아 있다. 교육과 일상이 연결되어 있다는 것은 학생의 성취와 발전에 큰 의미를 지닌다.

전문지식은 그 지식이 필요한 곳, 즉 대학에 가서 배우면 된다. 초·중·고등학생 모두에게 전문 지식을 가르쳐야 하는가 하는 의구심이 든다. 왜냐하면 고등학교 때까지 배운 수학, 과학 등 어려운

> 기본을 탄탄히 한 후 대학에 들어가서 필요한
> 전공지식을 깊이 습득할 수 있게 해야 한다.
> 그런 의미에서 수능은 그야말로
> 쉽게 출제되어야 한다.

내용들의 활용도가 낮을 뿐만 아니라, 오히려 많은 학생들의 학습의 욕을 떨어뜨리는 요인이 되기 때문이다. 기본을 탄탄히 한 후 대학에 들어가서 필요한 전공지식을 깊이 습득할 수 있게 해야 한다.

그런 의미에서 수능은 그야말로 쉽게 출제되어야 한다. 대학에 들어가서 공부할 수 있는 정도의 지력, 능력이 있는지를 평가하는 입학 자격고사화가 되어야 학교에서도 지나치게 어렵거나 많은 것을 가르치려고 하지 않을 것이다.

바칼로레아가 주는 교훈

우리나라는 아직도 수능점수 1점에 의해 인생의 진로가 바뀐다. 일부 교육현장에서는 수능이 창의성과 인성을 중시하는 사회 변화를 따라가지 못해 교육적 효용성이 사실상 끝났다는 진단을 내놓고 있다. 상대평가의 한계를 드러낸 수능을 절대평가화해 자격고사로 바꾸고, 대학 수학능력 유무만 '통과(Pass) 또는 낙제(Fail)'로 나누자는 의견도 일고 있다.

프랑스, 독일, 이탈리아 등 교육선진국들은 대학입시를 일찍이 자격고사화했다. 수능 자격고사 시험을 통해 대학 입학의 자격이 있느냐 없느냐를 판단할 뿐 서열이나 등급을 매기지는 않는다. 입학은 쉽지만 졸업이 어려운 구조인 것이다. 이들 나라의 경우 대학 서열화가 없으며 학문에 관심 있는 학생들만 대학에 진학하고 나머지 학생들은 고졸로 취업을 한다. 물론 이 같은 구조는 고졸로 취업을 하더라도 사회적 지위나 생활에 어려움이 없는 사회적인 상황과 맞물려 있다.

한 가지 주목해야 할 점은 이들 국가의 수능시험 문제 유형이다. 프랑스의 수능인 바칼로레아는 나폴레옹 때 만들어져 무려 200년간 그 전통이 유지된 것으로 역사와 전통이 대단하다. 아마 한국식 수능을 생각하고 문제를 본다면 기겁하는 학생들이 많을 것이다. 모든 문제가 서술형이며 암기위주의 공식에 대입해 풀 수 있는 문제들이 아니기 때문이다. 명확하게 정해진 답도 없다. 학생들이 스스로 생각하고 결론을 내리도록 요구하는 문제가 대부분이다. 역사적 사실과 논증을 활용해 자신의 주장을 얼마나 설득력 있게 전개해내는가를 보는 것이 바로 이 시험의 평가기준이다. 시험 문제 유형은 다음과 같다.

* 폭력은 어떤 상황에서도 정당화될 수 없는가? (1989년)

* 모든 사람을 존중해야 하는가? (1993년)

* 타인을 심판할 수 있는가? (2000년)

* 특정한 문화의 가치를 보편적으로 판단할 수 있는가? (2006년)

* 정치에 관심 두지 않고도 도덕적으로 행동할 수 있는가? (2013년)

특히 '폭력은 어떤 상황에서도 정당화될 수 없는가?'라는 시험 문제는 중국 천안문 사태가 있었던 1989년의 문제다. 프랑스 내에서 이민자 폭동이 사회적 문제가 되었던 2006년에는 '특정한 문화의 가치를 보편적으로 판단할 수 있는가?' 같은 문제가 출제되었으며, 정치인의 탈세와 온갖 비리로 프랑스 사회가 얼룩졌던 2013년에는 '정치에 관심을 두지 않고도 도덕적으로 행동할 수 있는가?'라는 문제가 출제되기도 했다.

이 문제들은 모두 당시의 사회·정치적 상황과 연결되어 있거나 철학적인 이념을 담고 있다. 이는 일정한 공식으로는 절대 풀 수 없는 것으로 이럴 수도 있고 저럴 수도 있어서 학생들이 두 가지의 진실 사이에서 방황하도록 인도한다. 무엇보다 진실은 하나가 아니라 두 가지라는 사실을 배우고 그 두 가지 사이에서 고민하도록 훈련하는 문제인 것이다.

바칼로레아에서 자신의 생각을 소신 있게 정리하려면 적어도 학생들은 철학이나 고전, 교양서적들을 열심히 탐독해 자신만의 가치관을 갖고 있어야 한다. 그래서 프랑스의 수능은 독서력에 달려 있다. 바칼로레아는 한국의 수능과 달리 절대평가이며 50퍼센트 이상 점수를 받는 모든 학생이 시험에 통과한다. 대학에 입학할 수 있는 자격을 받는 것이다.

핀란드의 수능도 논술형이며 절대평가이다. 예를 들어, 국어 시험에서는 주제 열 개를 주고 그중에서 골라서 글을 쓰는 식이다. 학생이 빠른 시간에 얼마나 정확하게 문제를 푸는지를 확인하는 대신 자기 생각을 얼마나 논리적으로 표현할 수 있는지를 중요하게 여긴다.

흔히 한국 수능의 대안을 고민하며 프랑스 바칼로레아 시험을 이야기하곤 하는데 바칼로레아가 무조건 좋은 대안이라고 할 수는 없다. 다만 문제풀이 기술, 줄 세우기식 순위 경쟁에 묻힌 우리의 교육 현실에서 바칼로레아가 주는 시사점이 분명히 있다는 것을 기억할 필요가 있다.

3

학교와 부모는
무엇을
해야 하는가

교사도
변해야 한다

● 2시 50분에 등교하는 학생,
  서로 신뢰할 수 없는 교육환경

　교사에 대한 학생과 학부모의 폭언, 폭행사건이 뉴스를 통해 심심
찮게 전해지면서 교권추락의 문제가 우리나라 교육현장의 또 다른
문젯거리로 떠오르고 있다. 학생이 교실에서 교사를 폭행한다거나
학부모가 교실까지 찾아와 교사에게 폭언을 하는 모습은 '스승의 그
림자도 밟지 않는다'는 옛 선조들의 말씀을 무색하게 만든다. 일부
교사들은 학교가 학생들 눈치 보는 공간이 되었다며 자조하기도 한
다. 교탁 앞에서 말 한마디만 잘 못해도 학부모들에게 멱살을 잡히

는 상황이 생기기 때문이다. 그러다 보니 욕먹지 않을 정도로만 선생 노릇을 하게 된다는 게 젊은 교사들의 하소연이다.

최근 들어 명예퇴직을 신청하는 교원이 증가하고 있다. 2015년 한국교총 설문조사에 따르면 명예퇴직을 신청하는 가장 큰 이유로 55.8퍼센트가 교권 하락 및 생활지도 어려움에 대한 대응 미흡을 꼽았다. 학생이 교사에게 무례하게 대할 때 교직을 그만두고 싶다는 생각을 가장 많이 하며, 반대로 학생이나 학부모들로부터 존경받고 있다는 생각이 들 때 교사로서 가장 큰 보람을 느낀다고 답했다.

실제로 현직 교사들과 만나 보면 지도가 안 되는 학생, 교육제도를 악용하는 학생들을 통제할 수 없어 많은 어려움을 느낀다고 말한다. 일례로 요즘은 오후 3시까지 등교를 하면 결석 처리를 안 한다. 그러니 2시 50분에 등교하는 학생들이 생겼다. 점심시간이 훨씬 지난 후에 등교를 해도 그 학생은 결석이 아니라 지각이다. 이 문제는 비단 늦게 오는 학생의 문제로 끝나는 것이 아니라 그 행동을 본 다른 학생들의 생각과 행동에도 영향을 미치기 때문에 더 큰 문제가 된다. 이러저러한 이유로 학생들을 통제하면 대들고 반발하는 경우도 늘었다. 합법적인 교육제도 안에서 행동하는데 무엇이 잘못되었냐는 것이다. 결국 제대로 된 지도가 불가피할 때가 많아 다른 학생들에게까지 미치는 교육적인 피해가 매우 크다.

이처럼 눈에 보이는 교권 추락의 현상 뒤에는 많은 이유가 숨겨져 있다. 성적에만 매달리는 입시 위주의 환경, 학교수업을 앞서가는 과도한 사교육, 그리고 교사의 제재를 제한하는 학생인권조례. 여기에는 교사에 대한 학생들의 불신과 불만도 섞여 있을 것이다. 결국 서로를 인정할 수 없고 신뢰할 수 없는 교육환경이 교권 추락이라는 부작용을 낳았다고 할 수 있다.

교사가 먼저 변해야 한다

근본적인 해답은 어디에 있을까? 교권 추락으로 인해 교권보호법이 만들어지고 시행을 앞두고 있지만 이것이 교권침해에 대응하기 위한 근본적인 해결책이 될 수는 없다. 지금 필요한 것은 바로 교사와 학생, 학부모 등 교육공동체 간의 신뢰 회복이다. 서로의 역할을 인정하고 신뢰할 수 있는 교육환경을 만들어야 한다.

이를 위해 가장 먼저 교사가 변해야 한다고 생각한다. 학생도 변해야 하지만 교사부터 달라질 필요가 있다. 이제는 시대가 바뀌었다. 교사들은 교권이 '갑'이던 예전의 시대를 생각하면 안 된다. 교육상황이 바뀐 만큼 아이들도 변했으며, 이를 제대로 인식하지 못하거나 받아들이지 않는다면 문제는 계속해서 일어날 수밖에 없다. 자신들의 학창시절을 떠올리며 그때의 이념에 젖어 있어서는 안 된다. 그럴 때 아이들과의 간극이 생기는 것이다.

예전에는 주로 선생님을 통해서만 지식을 습득할 수 있었다. 그래

이제 교사는 지식전달자를 넘어서
인생의 선배로서 안내자, 조력자임을 인식해야 한다.
그래야 학생들과 함께 갈 수 있다. _____

서 교사의 권위가 자연스레 높을 수밖에 없었다. 그러나 지금은 인터넷을 통해 수많은 정보와 지식을 획득할 수 있고, 학원이나 과외 등 사교육을 통해서도 필요한 지식을 충분히 배울 수 있는 시대가 되었다. 사회 양상이 달라진 만큼 교사 역할의 재정립이 필요한 시점인 것이다. 지금 교사의 역할은 과도기에 있다고 볼 수 있다.

이제 교사는 지식전달자를 넘어서 가족공동체의 와해로 인해 생겨나는 인성교육의 부재를 채워주는 역할까지 할 수 있어야 한다. 또한 인생의 선배로서 안내자, 조력자임을 인식해야 한다. 그래야 학생들과 함께 갈 수 있다. 예전 형태의 스승을 학생들은 더 이상 찾지 않는다. 미래학자들이 앞으로 없어질 직업 중 하나로 선생님을 꼽는 것도 이러한 이유에서다. 이런 상황에서 아이들에게 과거 학생의 자세만을 강요한다면, 또한 과거 교사의 방식만을 고집한다면 충돌이 일어날 수밖에 없다. 지금 교육현장에 필요한 것은 신뢰를 바탕으로 한 공존이다. 서로가 서로의 역할을 인정하고 조화를 이뤄야 함께 배우고 살아가는 더 나은 학교를 만들 수 있다.

● 성공적인 교육의 세 가지 원칙

교사의 사명의식 또한 중요하다. 공자의 《논어》 첫 장 첫 문장에는 "배우고 때로 익히면 또한 즐겁지 아니한가"라는 표현이 있다. 최첨단 시대인 지금 새삼 이 구절을 이야기하는 이유는 여기에 성공적인 학습 활동의 세 가지 원칙이 모두 담겨 있기 때문이다.

그 세 가지는 바로 學(배움), 習(익힘), 說(기쁨)이다. 수업시간에 잘 배우고 잘 익혀서 내 것으로 만든다면 이것이야말로 아이들에게 무엇과도 바꿀 수 없는 기쁨이요 보람이 된다는 말이다. 요즘 말하는 배움 중심, 학습자 중심의 수업을 의미하기도 한다.

공자의 제자들은 공자에게 평생을 공부하는 사람으로서 살아가는 법을 배웠다. 거기서 인생의 기쁨을 얻은 것이다. 또한 소크라테스의 제자 플라톤도 스승을 통해 공부의 즐거움을 발견해 서양 철학의 근본을 확립했다. 열정적인 가르침, 가능성을 일깨워주는 가르침, 기를 살려주는 가르침, 배움의 기쁨을 누리게 하는 가르침이 있을 때 아이들은 비로소 삶의 즐거움과 기쁨을 깨닫게 되며, 이는 결국 한 사람의 인생을 변화시키는 원동력이 된다. 그래서 교사는 자신이 누군가의 일생을 바꿀 만큼 중대한 역할을 하고 있음을 인식해야 하며 그에 따른 막중한 책임감을 가져야 한다.

교육은 끊임없이 변화한다. 우리나라의 교육현실이 어떻든 옳은 방향을 찾아 끊임없이 수정되며, 발전하고 있는 것만은 분명하다.

그런데 교육을 맡고 있는 사람들이 정작 변하지 않는 경우가 많다. 사람이 보수적이기 때문이다. 새로운 것을 시도하고 변화하려면 그에 따른 노력과 에너지가 필요한 데 대부분은 그것을 싫어한다. 지금까지 하던 것을 지속하고자 하는 관성의 법칙이 내면에 존재하기 때문이다. 그것이 오늘날의 교육을 가장 어렵게 만든다. 현재의 문제를 파악하고, 이를 해결하기 위한 다양한 대안을 찾아 내일을 준비해야 하는데 교육당사자들의 움직임은 대체로 적극적이지 않을 때가 많다. 지금 교사들에게 가장 필요한 것은 '내 방식이 틀렸을 수도 있다'는 생각이 아닐까? 상황을 탓하기 전에 먼저 내 잘못은 없는지를 돌아볼 때 우리 교육은 변화할 수 있고 발전할 수 있다.

그래서 나는 교사들을 만나면 교육에 있어 스스로 반문하는 과정이 꼭 필요하다고 말한다. 또한 자신이 '교육전문가'인지 아니면 '지식전달자'일 뿐인지를 돌아보라고 조언한다. 요즘의 교육방식은 너무 일률적이라 학업 성적이 떨어진 학생이 또 다른 소질을 발휘할 수 있는 기회가 거의 없다. 개개인의 능력을 살려내는 것이 교사의 일인데, 오히려 학교에서 개개인의 능력을 죽이고 있지는 않은지 돌아봐야 한다는 것이다. 나아가 내가 가르치는 것이 잘못된 것은 아닌지 철저하게 자기반성을 해야 교사도 학생도 학교도 끊임없이 발전할 수 있다.

진부한 수업방식을
바꿔라

외우기보다 시끄럽게 놀면서 배우는 학습

시대가 변함에 따라 교사의 역할이 달라졌다고 해도 '가르침'이라는 근본적인 역할은 변하지 않는다. 또한 교육의 질을 높이기 위해 다양한 수업방식을 고민하고 시도하는 것 역시 교사의 변하지 않는 중요한 본분이다.

이제는 인공지능에 맞설 수 있는 인간 고유의 능력을 개발하고 이를 교육하는 것이 필요한 시대가 되었다. 오랜 시간 이어져 온 지식 전달 위주의 수업이 더 이상 환영받지 못하는 이유는 미래사회를 이끌어 갈 인재를 양성할 수 없는 교육방식이기 때문이다. 기계가

국·영·수를 더 잘 가르칠 수 있다면 우리는 아이들이 기계보다 더 잘할 수 있는 영역을 찾아내 키워주어야 할 것이다. 그렇다면 기계가 절대 따라할 수 없는 인간 고유의 능력은 무엇일까? 바로 생각의 힘, 창의성이다.

이를 위해서는 방법을 바꾸어야 한다. "학교에서 배울 수 있는 것은 컴퓨터도 할 수 있죠. 컴퓨터가 못하는 것을 우리가 할 줄 알아야 합니다." 하버드대학교 인지교육학과 하워드 가드너 교수의 말이다. 요즘 아이들은 공부하다가 모르는 것이 있을 때 컴퓨터를 찾는다. 인터넷 검색 한 번이면 어떤 궁금함도 즉석에서 해결된다. 그렇게 쉽게 얻을 수 있는 지식을 우리나라 학생들은 시험을 보기 위해 여전히 머리를 싸매고 암기하고 있다. 일찍이 이런 방법으로는 더 이상 미래사회를 이끌어 갈 인재를 양성할 수 없다는 자각이 세계적으로 일어났고, 이에 대한 대안으로 스스로 생각하고 판단할 수 있는 능력을 키워주는 문제 중심 학습PBL, Problem-based Learning이 많은 나라에서 주목받았다.

PBL은 학생들의 적극적인 수업 참여를 기반으로 한다. 예를 들어, 영어를 배울 때도 단순히 영어 지문을 외우고 문장을 해석하는 것이 아니라, 정해진 하나의 책을 먼저 읽은 후 책 내용의 한 장면을 직접 연기로 표현하는 등 아이들의 참여도를 높이는 생생한 수업방식을 택한다. 학습의 범위도 하나로 한정 짓지 않는다. 만약 제2차 세계대전에 대한 영어 책을 읽었다면, 영어수업을 통해서 아이들은 제2차

얼핏 보면 시끄럽게 노는 것 같지만 놀이를 하듯
프로젝트를 해결하는 그 과정을 통해서
아이들은 협력, 단체 활동 능력,
의사결정능력을 키우는 것이다.

세계대전의 역사와 배경도 함께 배우게 된다. 나아가 교과서를 통해서만 배우던 방식을 벗어나 직접 경험하고 체험할 수 있게 돕는다. 예를 들어 '난민 프로젝트 수업'이 진행된다면 교실로 UN 난민 전문가를 초청해 아이들과 함께 대화하고 그 과정을 통해서 난민에 관한 문제의식을 스스로 깨닫게 한다. 그 후 난민들을 학교로 초청해 그들이 겪고 있는 어려움을 들어 보는 등 난민 문제를 직접 체감하고 배워나갈 수 있게 돕는 방식을 취한다.

　　교사는 아이들에게 흥미로운 문제를 제시해주고 그것을 해결할 수 있는 자료들의 사용 방법을 알려준다. 하지만 문제를 해결하는 건 오로지 학생들의 몫이다. 과목마다 진행하는 프로젝트가 다르다 보니 수업방식도 가지각색이다. 사진을 배워서 찍기도 하고, UCC를 제작하기도 하고, 춤과 악기를 배워 보는 프로젝트를 진행하기도 한다. 아이들은 스스로 여러 활동을 하면서 문제해결능력을 기르고 창의력도 높이는 것이다. 얼핏 보면 시끄럽게 노는 것 같지만 놀이를 하듯 프로젝트를 해결하는 그 과정을 통해서 아이들은 협력, 단체

활동 능력, 의사결정능력을 키우는 것이다. 이러한 수업방식은 미국을 비롯해 핀란드, 덴마크, 뉴질랜드 등 교육 선진국들에 이미 자리 잡힌 상태다.

독일과 핀란드, 학생 수업 참여도를 높이다

독일의 경우 우리나라의 인문계 고등학교에 해당하는 김나지움에 진학한 학생들은 적지 않은 양의 과제를 소화해내며 공부에 몰두한다. 이들 역시 내신이 대입에 반영되기에 학업부담이 크다. 그러나 김나지움의 수업방식은 우리나라의 일반적인 고등학교의 수업보다는 대학교 강의에 가깝다. 교사가 학생에게 교과 내용을 일방적으로 가르쳐주는 것이 아니라, 학생들이 미리 읽어온 책에 대해 발표하고 토론을 진행하는 식이다. 학생들은 스스로 수업을 준비하며 많은 것을 배우게 된다. 이처럼 교사가 수업시간에 알려줄 수 있는 것만큼이나 학생 스스로 해야 하는 공부가 많기 때문에 준비를 소홀히 한 학생은 자연히 수업을 따라가기가 어려워지며, 이러한 방식으로 인해 학생들의 수업 집중도는 높을 수밖에 없다.

교육 강국으로 불리는 핀란드는 특히 교과별 칸막이를 없애는 통합교육으로 유명하다. 교과서 집필자들은 이미 다른 교과의 내용을 숙지해 통합적인 내용으로 집필한다. 통합교과 교육에 대해 교사들의 역량이나 재량에 의존하는 우리나라와 확연히 비교되는 부분이다.

핀란드의 주제 중심 통합 교과서는 다양한 과목이 융합되어 있다. 예를 들면, 자연 교과서의 한 단원에는 자전거에 대한 내용이 담겨 있는데 교통안전과 교통규칙, 지구 환경의 중요성, 자전거에 적용된 물리적인 원리가 순서대로 포함되어 있다. 자연이라는 과목을 통해 규칙의 필요성, 환경의 중요성, 그리고 물리적인 원리를 모두 배우는 것이다.

또 하나 눈에 띄는 점은 조별 활동이다. 아이들은 환경의 중요성을 배우면서 핀란드 국민의 1인당 쓰레기 배출량이 자기 몸무게의 3~7배에 가까운 200킬로그램을 넘는다는 사실을 인식하고 조별로 쓰레기를 감소시키는 방법을 탐구하는데, 이렇게 실생활과 연결된 흥미 있는 주제로 아이들의 수업 참여도를 높인다. 일상과 동떨어진 학문이 아니라 지금 자신이 처한 환경에서 문제점을 인식하고 스스로 주인이 되어 해결점을 찾아가야 한다는 생각이 자기주도적인 학습 태도를 키우는 것이다. 이처럼 핀란드가 추구하는 교육은 아이들의 체험, 실생활, 학문적인 원리, 다양한 응용 등이 함께 어우러진 통합 교육이다. 이 나라의 주제 중심 통합 교육이 우리에게 주는 시사점이 적지 않다.

어려운 수학 문제가 주어졌을 때
스스로 생각하고 친구들과 토론해서
함께 푸는 것과 공식을 기억해서 푸는 것 사이에는
엄청난 차이가 존재할 수밖에 없다. _____

대화가 부족한 교실

최근 교육부는 중학교 1학년 수학에 팀 프로젝트형 수업을 적용
한다고 발표했다. 수업방식을 문제풀이 위주의 수학 수업 대신에 팀
을 나눠 하나의 과제를 수행하는 프로젝트형으로 바꾼다는 것이다.
이는 바람직한 방향이라고 생각한다. 팀 프로젝트는 공부가 재미있
다는 생각을 하게 해주는 하나의 방법이 될 수 있다. 어려운 수학 문
제가 주어졌을 때 스스로 생각하고 친구들과 토론해서 함께 푸는 것
과 공식을 기억해서 푸는 것 사이에는 엄청난 차이가 존재할 수밖
에 없다. 핵심은 토론에 있다. 아이들은 더 이상 교과서나 인터넷 정
보만을 보고 문제를 해결하려 하지 않고 친구들과 토론하며 답을 찾
아갈 것이며, 이러한 활동 경험이 쌓이면서 자신의 생각을 확실하게
정리할 수 있는 능력을 키우게 될 것이다. 자신만의 답을 찾으려는
과정에서 얻는 교훈은 아이들에게 그 무엇과도 비교할 수 없는 값진
열매가 될 것이다.

생각해 보면 우리나라만큼 대화가 부족한 교실은 없다. 교사가 칠판에 잘못된 정보를 적어도 말하지 않고 가만히 보고 있는 학생들, 수동적으로 지식을 습득하는 것이 습관이 된 학생들이 너무나 많다. 그런데 이것을 아이들만의 문제로만 보기는 어렵다. 교사들에게도 토론수업, 프로젝트 수업, 융합 수업이 아직은 낯설기 때문이다. 아이들이 적극적으로 참여해 주도하는 수업을 만들기 위해서는 질문하고 토론하는 목소리가 수업 내내 끊이질 않아야 한다.

교사가 이미 정답을 정해 놓고 아이들에게 지시하고 질문하는 수업 형태는 호응을 얻기 어렵다. 초등학생의 경우 집중력이 약해 고도의 집중력을 발휘할 수 있는 시간이 고작 5분이 전부다. 그렇다면 집중력은 어떻게 계속 유지시킬 수 있을까? 아이들이 수업에 직접 참여할 때만 가능하다. 수업시간에 학생들이 계속해서 질문할 수 있는 환경을 만들어야 한다. 이들의 지적호기심을 이끌어내고, 자유롭게 토론할 수 있도록 교사는 중재자 역할을 할 수 있어야 한다. 수업이 때로는 엉뚱한 방향으로 흘러갈 때도 있겠지만, 적절한 순간에 교사가 개입하고 학생들 또한 조정자, 조력자의 역할을 담당하게 함으로써 모두가 주인공이 되는 수업을 이뤄내야 한다.

뛰어난 논리와 엄격하고 권위적인 교사의 질서만이 수업을 풍부하게 해주는 것은 아니다. 학생들이 스스로 생각하고, 자유롭게 이야기할 수 있는 교육환경이 만들어져야 논리적인 생각과 새로운 사고의 지평이 넓어진다는 것을 교사들은 기억해야 한다.

이제는 교육의 질을 높임으로써 성과를 내야 한다.
학생들의 자질에 기대서 교육성과를 높이려 한다면
이는 결국 학교가 불필요함을
인정하는 것과 다름없다. _____

지금까지 우리나라 학교는 학생 자질에 의해 교육성과를 얻었다. 그러나 이제는 교육의 질을 높임으로써 성과를 내야 한다. 우수한 학생을 받아 좋은 성과를 내겠다는 것은 아무 의미가 없다. 우수한 학생은 어떤 학교를 가도 우수한 성적을 내는 법이다. 학생들의 자질에 기대서 교육성과를 높이려 한다면 이는 결국 학교가 불필요함을 인정하는 것과 다름없다.

누구든지 배움을 통해 하나의 인격체로 성장한다. 가능성이 보이는 학생뿐 아니라 가능성이 없어 보이는 학생에게도 배움을 통해 변화할 자격이 있다. 교사에게 모든 학생이 수업을 통해 숨겨진 가능성을 발견할 수 있도록 이끌어주고 지원해야 하는 책임이 있다.

답은 현장에 있다. 교사들이 수업을 어떻게 할지 고민하고, 낯설지만 새로운 방식으로 이끌어 가기 위해 노력할 때마다 교실 속 아이들은 더 행복해질 수밖에 없다.

교사의 열정이
교육을 살린다

● 교사 역량을 높여야 학교가 산다

우리나라 교사들의 학력 수준은 꽤 높은 편이다. 국제적으로 비교해 봐도 한국 교사들은 학력뿐 아니라 자기계발 노력 수준 역시 매우 높다. 그럼에도 교사로서 자신의 가르침이 학생들에게 긍정적인 영향을 미칠 것이라는 기대감은 매우 낮다는 특징이 있다. 왜 이러한 현상이 나타났을까?

나는 타성에 젖기 쉬운 우리나라의 교육환경을 그 이유로 꼽는다. 우리나라 교사임용시험의 경우 당락을 결정하는 점수 차는 0.01점 정도다. 과연 0.01점에 어떤 실력 차이가 있을까? 없다고 본다. 높은 경쟁률 때문에 임용고사의 당락이 작은 점수 차이로 결정되면서 교사가 되기 위해 공부하는 학생들은 밤낮으로 공부를 한다. 훌륭한 교사가 되겠다는 열정도 뜨겁게 품고 있다. 그런데 막상 임용시험에 합격해 교사로서 일을 하다 보면 타성에 젖고 만다. 3년에서 5년 정도의 경력이 쌓이면 학생들을 가르치는 데 어려움이 없다 보니 느슨해지는 경우가 많다.

높은 기준으로 교사를 뽑았다면 이러한 인재들이 학교에서 자신의 재량을 마음껏 뽐내며 교사로서의 역할을 다할 수 있도록 제도적 차원에서의 뒷받침이 반드시 필요하다. 인간은 누구나 타성에 젖기 쉬운 존재 아닌가. 교사의 역량 강화를 위해 개인 차원의 노력만을 강요하기에는 한계가 있다.

교사도 선진 교육을 배워야 한다

전남도교육청은 이를 위해 교사들을 대상으로 파격적인 해외연수 제도를 운영하고 있다. 전국에서 유일하게 해외연수나 유학의 형태로 교사들의 배움을 지원하고 있다. 타성에 젖을 수 있는 교사들에게 교육 선진국의 교육현장을 직접 체험하며 그동안 가졌던 틀을 깨고 교육제도에 대해 자신만의 의견을 새롭게 정리할 수 있도록 생각을 전환시킬 수 있는 기회를 제공하고 있다.

몇 년 전부터 전남도교육청에서는 매년 교사 20여 명을 미국의 대학원 학위 과정에 파견 보내고 있는데, 비록 지금은 소수이지만 10년, 20년이 지나면 시야가 트인 교사들이 100명, 200명으로 늘어나 있을 것이다. 이렇게 시야가 트인 교사들이 현직에 있어야 좋은 교육정책이 나올 수 있을 것이고, 이를 통해 교육현장이 변할 수 있다. 석사 학위과정까지 보내는 이유는 교사들의 지적인 수준을 높이기 위해서가 아니다. 더 깊게 경험하고 깨달을 수 있는 기회, 넓게 볼 줄 알고 생각의 방향이 바뀔 수 있는 시간을 주는 것이다.

실제로 해외연수에 참가한 교사들은 저마다 인상 깊었던 부분이 다르다. 해외연수를 통해 미국 샌디에이고에 있는 한 학교를 방문해 수업을 지켜 봤던 교사는 아이들의 질서교육을 보고 가장 놀랐다고 한다. 학문보다는 사람으로서 갖춰야 할 인성을 먼저 가르치는 현장을 직접 목격했기 때문이다. 또한 학부모가 학교를 매우 존중하는 모습, 아이들의 학습 결과물이 모두 책으로 발간되는 수업현장, 교실 전면이 캐비넷으로 둘러 싸여 있고 그 캐비넷을 칠판으로 사용하는 등 창의성 교육이 교과서에 머물지 않고 수업 현장, 학교 시설로 이어져 있었다는 것이 인상 깊게 남았다고 한다.

미국 학교의 수업을 직접 참관한 또 다른 교사는 조는 아이들이 없는 것이 가장 인상적이었다고 말한다. 아이들과 교사가 끊임없이 활동하고 대화하는 수업 분위기, 독서가 전제되어 있는 수업방식, 교재를 미리 내주고 사전에 읽어오도록 유도해 정작 수업시간에는

타성에 젖은 교사들에게
가장 필요한 것은
자극을 주는 환경일지도 모른다.

미리 독서한 내용을 바탕으로 다양한 활동을 이어가는 모습 등 실제로 보고 느낀 바는 무궁무진했다. 이밖에도 사면이 칠판인 교실에서 교사가 사방을 돌아다니며 수업하는 모습, 다양한 과목을 융합해 수업하는 것, 이를 위해 교사들이 방학을 이용해 교과내용을 더욱 연구하고 공부할 수밖에 없다는 점이 깊게 와 닿았다는 교사도 있었다.

중요한 것은 깨닫는 것에 그치지 않고 해외 연수에 참여한 전남 지역의 교사들이 귀국한 후에도 거꾸로 교실, 하브루타 질문법, 융합 교육 등 더 나은 수업방식을 연구하는 소모임을 자발적으로 만들어 활동하고 있다는 점이다.

이처럼 사람은 스스로 변화하고자 할 때 어떤 방식으로든 움직인다. 타성에 젖은 교사들에게 가장 필요한 것은 자극을 주는 환경일지도 모른다. 익숙함에 취해 있는 자신의 모습을 발견하고, 다시 새로운 열정으로 변화를 꾀할 수 있도록 제도적인 지원이 필요한 이유도 이 때문이다.

교사를 존중하는 나라에 미래가 있다

　교사의 전문성을 그대로 인정해주고 신뢰해주는 것 또한 이들의 역량을 강화시킬 수 있는 하나의 방안이 될 수 있다. 각종 국제비교 평가에서 학생들의 학업성취도가 세계 최고 수준을 보이고 있는 핀란드는 사실 교사 통제나 관리를 위한 제도적 장치가 거의 없다.

　이 나라는 교사 양성교육에는 많은 투자를 하고 있지만, 교사의 현직 교육에 대해서는 상대적으로 관심이 많지 않다. 이유는 핀란드 사회에서 교사가 차지하는 높은 위상에 있다. 교사는 사회적으로 높은 신뢰를 받고 있으며, 전문성에 대해서도 의사, 법관 못지않은 위상을 갖는다. 교사를 전문직이라 여긴다는 것은 전문가의 자율성을 인정한다는 뜻이다. 그래서 핀란드 교육정책 담당자는 교사를 통제나 관리의 대상으로 보지 않는다. 마치 의사의 의료행위나 법관의 법률적 판단을 국가가 통제하지 않는 것과 같은 이치다. 신뢰받는 교사들은 자율적으로 전문성 향상을 위해 노력하고 있으며, 사회의 기대와 교사들의 자율적인 노력이 더해져 긍정적인 결과를 보이고 있다.

　매년 핀란드 학생들의 학업성취도가 세계 최고 수준으로 평가되는 것을 본다면 우수한 교사를 확보해 그들이 최대 역량을 발휘할 수 있도록 자율권을 부여해주는 제도 역시 눈여겨 볼 필요가 있다.

　핀란드를 비롯한 일부 유럽 국가들이 교사의 전문성 개발과 관련해 신뢰와 전문성을 바탕으로 접근하는 것은 바람직한 방향이다. 하지만 간과하지 말아야 할 것은 갈수록 다양화되는 현대 사회 속에서 교사에게는 이전보다 더욱 전문적인 역량이 계속해서 요구된다는 점이다. 교사들이 만나는 아이들의 속성은 문화, 인종, 경제, 심리 등 이전과 비교할 수 없을 만큼 분화되었으며, 이들과 함께하는 교사들의 매순간 의사결정은 아이들의 삶에 결정적인 영향을 미칠 수밖에 없다. 이런 점을 고려할 때 교직의 전문성을 인정하되, 교사의 역량이 강화될 수 있는 국가적 차원의 다양한 제도가 함께 진행되어야 할 것이다.

교육이란 열정이자 노력이다

교사는 학생들이 바람직한 미래를 이뤄갈 수 있도록 안내자 역할을 해야 한다. 그 일에 자신의 열정을 쏟아야 한다. 교사가 연구와 연수를 게을리 해서는 안 되는 이유도 이 때문이다. 아이들에게만 새로운 세상을 꿈꾸게 할 것이 아니라 교사들에게도 새로운 세계를 만나보고 새로운 시각을 가질 수 있는 충분한 기회가 주어져야 한다.

교육은 백년을 내다보는 큰 비전이기 때문에 새로운 시도가 어렵고 변화를 실감하는 속도 역시 매우 더디게 느껴질 수 있다. 그럼에도 교사는 지속가능한 길을 선택해야 한다. 오늘의 어려움을 선택해 교사는 지속가능한 길을 선택해야 한다.
오늘의 어려움을 선택해야 다가오는
내일의 교육에 희망이 있다.

야 다가오는 내일의 교육에 희망이 있다.

내가 임기 초부터 마련한 교육정책의 중심에는 교사들의 열정이 자리하였다. 이들의 열정이 있었기에 오늘 전남 교육이 한 걸음 진보할 수 있었다. 우리나라의 교육이 조금씩 발전하고 있는 이유도 포기하지 않고 자신의 자리에서 묵묵히 최선을 다하는 교사들이 있기 때문일 것이다. 나는 교사들의 자긍심과 열정이 교육을 살리는 길임을 알기 때문에 앞으로도 이들의 열정을 끌어내고 역량을 강화하는 데 집중할 것이다.

교육적 체벌은
필요한가

● 교권을 침해당하는 현실

한 학부모가 교사를 처벌해달라며 직접 나를 찾아온 적이 있다. 교사가 수업시간에 딸의 머리채를 잡았다는 것이다. 양측의 이야기를 들어 보니 사건은 이러했다. 학생이 수업시간에 딴짓을 하는 것을 보고 교사가 그것을 제재했는데, 학생이 교사에게 심하게 대들었다. 순간 화가 난 교사가 학생의 머리채를 잡았고, 학생도 똑같이 교사의 머리채를 잡는 일이 발생했다. 학교 폭력으로 문제를 제기한 학부모에게 나는 이렇게 말했다. "만약에 어머님이 따님을 훈육하기 위해 머리채를 잡고 야단을 쳤는데, 딸도 엄마의 머리채를 똑같

지금 교단은 이보다 더한 교권 침해가 일어나도
현실적으로는 그것을 제재할 수 있는
방법이 없다는 것이 큰 문제다.

이 잡았습니다. 그것이 정상입니까?"

　이성적으로 행동하지 못한 교사의 실수도 물론 있다. 하지만 지금 교단은 이보다 더한 교권 침해가 일어나도 현실적으로는 그것을 제재할 수 있는 방법이 없다는 것이 큰 문제다. 교과서를 가져 오지 않은 학생, 수업시간에 엎드려 자거나 친구와 시끄럽게 떠드는 학생들을 나무라면 오히려 화를 내는 경우가 다반사다. 많은 교사들은 아이들에 대한 통제력이 전혀 없는 상황에서 대체수단으로써의 상벌제도나 개인상담 등이 제대로 작용하지 못하고 있다고 푸념한다.

　자녀들을 키울 때, 나는 교육적 체벌을 했다. 가정교육은 물론 학교 교육에서도 필요하다면 교육적 지도가 있어야 한다고 생각한다. 사실 체벌은 무조건 안 된다는 의견이 많다. 하지만 나는 학교에서 아이들에게 꼭 가르쳐야 하는 이념이 있다고 말한다. 아이들에게 무리할 정도의 통제를 가하더라도 이들을 위한 교육적인 목적을 달성해야 한다고 본다.

　내가 생각하는 교육은 통제를 기반으로 한다. 이러한 통제가 당장은 힘들고 불편할 수 있지만, 아이들이 사회에 나가서 바른 인격체로 살아갈 수 있는 인성을 키우는 것이 바로 교육의 본질이기 때문에 교육적 제재 역시 교육의 한 과정이라고 생각한다.

◦ 체벌의 조건

많은 반대의 소리가 있지만 전남도교육청은 교육활동 중 필요할 때는 적절한 교육적 지도를 해야 한다고 규정하고 있다. 다만 감정이 들어간 신체적 접촉은 안 되는데, 이럴 경우 교사의 행동을 교육적이라고 받아들이기 어렵기 때문이다. 또한 교육적 지도는 가급적 제3자가 있을 때 해야 한다고 권고하고 있다. 그래야 자신의 감정을 누르고 오직 교육적인 목적으로만 지도할 수 있기 때문이다.

나와 비슷한 연령대라면 대부분 공감하겠지만, 나 역시 체벌이 난무한 교육과정을 거쳤다. 교사들마다 체벌 도구가 달랐을 정도다. 지금 생각해 보면 체벌의 이유는 대단하지 않았다. 수업시간에 떠들었거나, 숙제를 안 해왔거나, 지각을 했을 때 선생님께 혼이 났고, 그런 과정을 통해 나는 하지 말아야 할 행동이 무엇인지를 배워나갔다.

세계적인 흐름을 본다면 체벌을 반대하는 목소리가 단연 높다. 우리나라도 오래전부터 체벌 찬반론이 분분한데, 일부 시·도교육감은 학교에서의 체벌전면금지를 지시하는가 하면 체벌금지와 학생

교사·학생·학부모가 교육의 핵심 주체들인데
이들 간에 상호 폭언·폭행·갈등으로
교육현장이 피폐해지고 있다.

인권보장을 법에 명문화하도록 추진하는 경우도 있다.

그러나 최근 들어 교육적 체벌에 관한 여론조사 결과를 보면, 학부모와 교사들 모두 교육적인 체벌전면금지 계획에 대해 반대하는 입장이 더 높게 나타나고 있다. 체벌전면금지 방침으로 인해 학교가 통제 불능상태가 되고, 교사가 문제 학생을 방임하거나 외면하는 현상이 계속해서 나타나고 있기 때문이다. 교권 침해로 교원단체에 도움을 요청한 교사가 10년 전인 2006년에 비해서 3.6배 증가했다는 연구결과도 나왔다.

일선 학교에서는 전면적 체벌이 금지된 이후 교육환경이 확연히 달라졌다는 목소리가 높다. 학생들은 걸핏하면 교사에게 욕설을 퍼붓고 심지어 폭력까지 휘두르는 일도 흔하다. 교사·학생·학부모가 교육의 핵심 주체들인데 이들 간에 상호 폭언·폭행·갈등으로 교육현장이 피폐해지고 있다. 이런 상황에서도 교단은 여전히 학업성적 올리기에만 몰두하고 있으니 어른에 대한 예의와 스승에 대한 공경심이 점점 빠르게 사라지고 있는 것이다.

미국에서는 교권훼손을 일반범죄보다 훨씬 엄중하게 다룬다.
대부분의 주에서는 교사에 대한 폭행이나 폭언을
형사처벌의 대상으로 보고 단호하게 처벌한다. _____

교권 추락의 원인이 무엇인가

절대 '갑'이었던 과거의 교권은 이제 존재하지 않는다. 일각에서
는 마구잡이 체벌 등 교권 남용, 촌지 문화, 일부 학생 편애 등 과거
사도(師道)를 저버렸던 행태들이 지금의 교권 실추를 낳은 것이 아
니냐는 시각도 있다. 물론 완전히 부정할 수도 없고 분명히 반성해
야 하는 부분도 있다. 그러나 중요한 것은 요즘 발생하는 심각한 교
권 침해의 사건들이 사랑과 사명감으로 아이들을 가르쳐야 할 교사
의 사기를 떨어뜨려 스승이 아닌 직장인이라는 자괴감을 느끼게 한
다는 것이다. 이러한 교권 침해는 결국 교직에 대한 의욕상실을 초
래해 수업의 질 저하로 이어질 수밖에 없다.

최근 교권이 심각하게 유린되는데도 학생 인권만 강조하느냐는
지적이 적지 않았다. 사실 미국에서는 교권훼손을 일반범죄보다 훨
씬 엄중하게 다룬다. 대부분의 주에서는 교사에 대한 폭행이나 폭언
을 형사처벌의 대상으로 보고 단호하게 처벌한다. 이는 교육의 위대
한 가치를 인정하고 교사의 권위를 존중하는 미국 사회의 모습을 반

영한 것이다. 우리나라에서도 교권 확립을 위해서 미국과 같은 엄격한 교권보호제도가 마련되어야 한다는 주장이 높지만, 진정한 교권 확립이 과연 사회적인 장치만으로 완성될 수 있는지는 생각해 볼 필요가 있다.

나는 교권 추락의 원인을 학교문화와 가정문화의 문제로부터 찾아야 한다고 본다. 학교에서는 각기 다른 성품과 능력을 가진 많은 아이들을 '입시'라는 한 가지 목적으로만 지도하려다 보니 교사가 어쩔 수 없이 아이들을 관리하는 데 있어 강제적인 방법을 더 많이 사용하고 있다. 학생 한 명 한 명을 심층적이고 입체적으로 이해하고 지도하려 하기보다는 일방적이고 강제적인 방법으로 행사되는 경우가 많은 것이다. 이렇듯 통제와 규율 위주의 교육 속에서 아이들은 교사를 자신의 삶의 스승이자 은사로서 그 권위를 존중하며 따르기보다는 그저 피하고 싶은 감시자로 생각하기 쉽다.

한편, 우리나라의 가정문화는 자녀 중심으로 변했다. 부모들은 자녀의 학업을 위해서라면 경제적, 심리적으로 모든 지원을 아끼지 않는다. 특히 대학입시를 앞둔 자녀가 있는 가정은 무엇이든지 수험생이 원하는 대로 해주려 하는 경우가 많다. 이러한 자녀 중심의 가정문화는 자칫 자녀들에게 남을 배려하지 않는 이기적인 성향을 갖게 하며 자기중심적 사고방식에 물들게 해 교권의 추락, 나아가 학교의 무질서라는 부작용을 낳게 한다.

사랑의 매, 즉 교육적 체벌은 조선시대 서당의 초달문화(楚撻文化,

초달은 회초리를 뜻함)에서 비롯됐다. 옛날에는 서당에 자식을 맡긴 아버지가 음력 초하룻날이면 직접 회초리를 만들어 훈장에게 보냈다. 아이를 잘 가르쳐 달라는 뜻을 담고 있는 회초리는 가르침의 도구였으며, 훈장은 게으름 없이 공부에 매진할 수 있도록 부모의 마음을 담아 아이들의 교육에 회초리를 사용했던 것이다. 또 조선시대 대학자인 율곡 이이는 《학교모범》이란 책을 통해 잘못을 저지른 아이들에게 회초리를 들도록 할 정도로 우리 조상들은 회초리를 효과적인 훈육의 도구로 사용해왔다.

그러나 작금의 상황은 참으로 안타깝다. 감정이 개입된 매는 당연히 금지되어야 하지만, 학생을 올바른 길로 인도하려는 스승의 참뜻마저 왜곡된다면 과연 이 땅에서 그 어느 누가 학생지도에 자기 한 몸을 아끼지 않고 바칠까 의문스럽다.

학교 교육보다
가정교육이 우선이다

● 가족공동체의 붕괴

조선시대 유교문화 사회에서 자녀의 인성교육은 가족의 몫이었
다. 형제 간의 다툼은 삼촌이 화해시켰고, 잘못된 아이의 언행은 할
아버지가 담뱃대로 꾸짖었던 문화가 우리 안에 뿌리박혀 있었다. 사
람으로서 갖춰야 할 인성, 그것을 가르치는 가정교육이 집 안에서
충실히 이뤄졌었다.

그러나 산업사회 이후 우리나라의 가족공동체는 붕괴되었고, 가
정에서 가르쳐야 할 인성교육은 온데간데없이 사라졌다. 세대 간의
교류를 통해 어른들의 지혜를 자연스럽게 배울 수 있는 터전이 없어

진 것이다. 더욱이 지식전달 위주의 교육에 치우치다 보니 사랑이나 존중, 배려와 같이 사회공동체의 일원으로서 갖춰야 할 중요한 덕목들은 교육의 우선순위에서 뒤로 밀려날 수밖에 없었다.

지식전달이 교육의 전부라고 생각하는 사회, 효도나 봉사, 어울림은 돈이 안 되고 점수를 1점 더 받는 것이 중요하다는 가치관이 아직도 이 사회에 팽배하다. 이러한 가치관으로 인해 속속들이 나타나는 부작용들을 보면, 우리나라 교육의 방향성에 대해 다시금 고민해 보게 된다.

● 인성교육의 울타리가 되어야

사람은 혼자 살 수 없다. 더불어 살아야만 한다. 실력만 있다고 모든 것이 해결되는 시대는 지났다. 이제는 실력에 맞는 인성을 갖춰야 조직 안에서도 존경받을 수 있고, 더 멀리 발전할 수 있는 시대가 되었다. 더욱이 미래사회에서의 성공은 사람 간의 소통과 협력 없이는 불가능하다. 이러한 흐름을 알기에 실력과 인성을 함께 기르는 학교 교육의 중요성이 강조되고 있지만 사회성을 포함한 인성교육은 학교에서 100퍼센트 이뤄질 수가 없다. 아이들이 태어나 가장 먼저 만나는 공동체인 각각의 가정에서 배워야 할 가치들이 분명히 있기 때문이다.

가정은 인성을 연마하는 또 다른 학교다.
아이들의 인성의 틀이 형성될 때 가장 큰 영향을
미치는 요인이 바로 부모를 포함한 가정환경이다.

가정은 인성을 연마하는 또 다른 학교다. 아이들의 인성의 틀이 형성될 때 가장 큰 영향을 미치는 요인이 바로 부모를 포함한 가정환경이다. 따라서 올바른 가정교육을 위해서는 부모의 인식부터 바로잡혀 있어야 한다. 아이들의 교육은 학교나 학원에서 모두 채워질 수 있다는 잘못된 기대감을 버리고 가정 안에서 독서와 대화, 다채로운 놀이를 통해 자연스럽게 규칙과 예절, 인성의 중요성을 가르칠 필요가 있다. 가정에서부터 자녀들이 대화를 통해 의견을 조율하는 법, 다른 사람의 말에 경청하는 자세를 아이들이 배울 수 있도록 도와야 한다. 어떠한 문제를 놓고 온 가족이 함께 고민하고 대화하는 것 역시 훌륭한 가정교육의 시작이라고 할 수 있다.

요즘은 부모부터 가정을 단지 직장에서 돌아와 편히 쉬는 곳쯤으로 가볍게 여기는 경우가 많다. 물론 가정은 가족구성원이 마음 편히 쉴 수 있는 공간이어야 하지만 아울러 자녀의 올바른 인성을 길러주기 위한 가장 중요한 울타리임을 잊어서는 안 된다.

● 하브루타의 가르침

　수천 년의 역사를 자랑하는 유대인 교육. 이들의 교육은 종종 우리나라의 교육과 비교된다. 단일민족이면서 학구열이 높은 두 나라로 유명하기 때문이다. 하지만 그 면면을 들여다보면 확연한 차이가 있다. 세계 185개국의 IQ를 조사했을 때 우리나라보다 유대인의 IQ가 11점이나 낮았다. 그런데 이들의 교육 성취도는 훨씬 높다. 유대인은 미국 아이비리그 전체 학생의 4분의 1을 차지하며, 노벨상 수상자는 180여 명에 이른다. 세계 억만장자의 40퍼센트도 유대인이다. 무엇이 유대인을 이토록 강하게 만들었을까?

　많은 전문가들이 입을 모아 말하는 비결은 가정에서 이뤄지는 전인교육이다. 이들은 지식교육과 인성교육의 균형을 매우 중요하게 여긴다. 아이가 어릴 때부터 가정교육을 엄격하게 시키는 것으로도 유명하다. 이들은 아침밥을 거르지 않으며, 저녁에는 온 가족이 모여 식사를 한다. 또한 아이가 잠들기 전 15분 동안에 꼭 책을 읽어주는 전통이 있다. 교육법 중에는 '하브루타'라는 개념이 있는데 이는 짝을 지어 질문, 대화, 토론, 논쟁하는 것으로 함께 이야기를 나누는 것을 의미한다. 잠들기 전 아이에게 책을 읽어주는 것도, 저녁을 먹으며 대화를 나누는 것도 모두 하브루타인 것이다.

　이러한 가정교육 방식은 언어 발달은 물론 사회성 발달에 큰 도움이 된다. 특히 아이들은 질문하고 대답하고 토론하는 과정에서 나만

유대인의 조기교육은
만 3세 이전에는 학습적인 부분을
전혀 시키지 않고 놀이로만 접근한다.

의 생각, 새로운 생각, 남과 다른 생각을 찾게 되며, 부모가 알려주는 답이 아닌 자신만의 해답을 찾아가는 힘을 키워간다. 언뜻 보면 평범한 가정교육 같지만 이것이 바로 유대인을 강하게 만드는 원동력인 것이다.

반면 우리나라 부모들은 어떤가? 매사에 전전긍긍하며 하나부터 열까지 다 해주는 부모가 많다. 그러다 보니 아이들이 다 커서도 주체적으로 일하지 못하고 부모의 그늘 밑에 머무는 일이 생기는 것이다. 공부 역시 부모가 매니저처럼 하나부터 열까지 이끌다 보니 정작 아이들은 공부를 왜 해야 하는지에 대한 물음조차 갖지 못한 채 그저 끌려 다니고 있다.

사실 교육열로 따지자면 유대인 부모들도 만만치 않다. 이들 역시 조기교육을 매우 중요시 여기는데 주목할 것은 그 개념이 우리나라의 그것과는 매우 다르다는 것이다. 우리나라는 아이의 발달보다 한 발 앞선 선행학습을 조기교육이라 말하지만, 엄밀히 따지면 이는 조기교육이 아닌 조기학습이다.

유대인의 조기교육은 아이의 뇌 발달에 맞춰져 있다. 아직 드러나

지 않은 아이의 잠재 능력을 깨우는 데 초점을 맞춰 교육하는 것이다. 그래서 만 3세 이전에는 학습적인 부분을 전혀 시키지 않고 놀이로만 접근한다. 피아노를 가르치기 전에 다양한 음악을 들려주고, 그림과 놀이로 수 개념을 익히게 하는 것도 같은 맥락이다. 조기학습을 위해 한글, 수학, 영어, 예체능 등 학습적인 부분을 미리 공부하는 우리나라의 현실과는 많이 다른 모습이다.

시작과 마무리는 가정에서

앞서 언급하였지만 조기학습은 효과가 미미하다고 할 수 있다. 아이들의 흥미나 적성을 일깨우기 이전에 지식의 양을 늘리고 생각의 방향을 하나로 정하게 하는 학습은 오히려 공부에 대한 흥미를 떨어트리게 만드는 원인이 될 뿐이다.

성적만 잘 나오면 모든 것이 인정되는 우리나라의 잘못된 교육방향 때문에 학부모들은 가정에서부터 무언가를 가르쳐야 한다는 강박관념에 사로잡혀 있다. 아주 어릴 적부터 조기학습을 시작하는 이유도 이 때문일 것이다. 그림책을 많이 보여주고 유명한 학원에 보내며 교육의 의무를 다하고 있다고 생각하는 경우도 많을 것이다. 그렇다면 자라나는 아이들에게 필요한 가정교육, 인성교육은 어디서 받게 할 것인가?

자녀에게만 열심히 공부할 것을
강조하는 모순된 모습에서
—————— 부모의 권위는 사라진 지 오래다.

가정교육은 가정에서부터 시작되고 마무리되어야 한다. 부모들은 아이들의 학습량을 늘리는 데 집중하는 대신 자녀의 인성과 사회성을 키워나갈 수 있는 가정교육, 가족문화를 만드는 데 초점을 맞춰야 할 것이다.

가정교육의 정답은 '실천'에 있다. 부모의 입장에서 생활태도를 되돌아보고 말과 행동이 일치하고 있는지 살펴보자. 잠들기 전 아이에게 책 읽어주기, 같은 책을 읽고 생각 나누기, 가족 모두가 함께 식사하고 대화하는 분위기 만들기 등 이미 알고 있지만 실천하지 못했던 부분은 없는지 돌아볼 필요가 있다.

나아가 우리나라 부모의 권위가 회복되기를 바란다. 공부하는 자녀들의 모든 것을 대신 해주는 하인 같은 모습, 자녀에게만 열심히 공부할 것을 강조하는 모순된 모습에서 부모의 권위는 사라진 지 오래다. 권위는 모범적인 실천이 바탕이 될 때 저절로 생기는 법 아닌가? 언행일치를 보여주고 자유롭지만 체계적인 가정교육을 통해 아이들이 건강한 어른으로 성장할 수 있도록 그 누구보다 부모의 지속적인 노력이 필요하다.

부모의 개입이
아이를 망친다

: 늘어만 가는 초식학생

　최근 초등학생들 사이에서 다른 사람이 할 일을 정해주지 않으면 생활에 어려움을 느끼는 '초식학생'이 늘고 있다고 한다. 초식학생이란 지시를 받는 데 익숙해 누군가가 자신이 할 일을 정해주지 않으면 불안을 느끼는 학생을 뜻하는 신조어다. 초등학생의 특성상 어느 정도 의존적인 모습을 보일 수는 있지만 문제는 정도가 지나친 아이들이 많아지고 있다는 것이다. 쉬는 시간에 교사에게 '화장실 가도 되냐'고 묻는 초등학교 고학년 학생, 학교 수업 후 부모에게 전화를 걸어 '다음은 뭘 해야 하느냐'고 물어보며 수시로 자신이 무엇을 해야 하는지를 확인받으려는 아이들이 실제로 존재한다는 것이 놀라울 따름이다.

초식학생이 생겨난 이유는 무엇일까? 아마도 저출산이 일반화되면서 한 명밖에 없는 자녀에게 모든 관심을 쏟아 붓는 우리나라 부모의 과잉보호 때문이 아닐까 싶다.

'다른 아이들에 비해 실력이 뒤처지지는 않을까', '칭찬받지 못하면 기가 죽지는 않을까' 하는 걱정으로 공부부터 일상생활까지 일거수일투족을 챙기고 심지어 대신해주다 보니 아이들이 점차 의존적으로 변해가는 것이다. 이렇다 보니 부모가 자신의 일을 대신해주는 것을 당연하다고 생각하는 아이들도 생겨났다. 한 교사의 이야기에 따르면, 준비물을 챙겨오지 않은 6학년 학생이 수업시간 후 엄마에게 전화를 걸어 '엄마가 준비물을 챙겨주지 않아서 혼났다'며 화를 내는 일도 있었다고 한다. 부모가 모든 것을 챙겨주다 보니 아이들은 자신이 스스로 해야 하는 일임에도 불구하고 무조건 부모가 챙겨줘야 한다고 생각하게 된 것이다.

하나부터 열까지 다 챙겨주면 아이들이 실수하는 일이 없을 것 같지만 결과는 정반대다. 모든 걸 부모가 챙겨주면 아이들의 사고력, 계획성, 문제해결능력 등의 영역이 전혀 발달하지 않는다. 이럴 경우 초등학교 때는 좋은 성적을 낼 수 있지만 학습량이 늘어나고 더 높은 사고력을 필요로 하는 중학교 이후에는 오히려 성적이 떨어질 가능성이 높다.

아이에게는 실패할 권리가 있다

안타까운 일이지만 초식학생의 증상은 아이가 어른이 된다고 해서 사라지지 않는다. 요즘은 군대에 입대한 자식들까지 과잉보호하려는 이른바 '헬리콥터 부모' 때문에 군대도 몸살을 앓고 있다. 군대에 간 자식을 걱정하며 간부들에게 수시로 연락해 안부를 확인하는 부모가 늘면서 군에서도 이 단어가 많이 쓰이고 있다고 한다. 헬리콥터 부모란 말 그대로 자녀 주위를 헬리콥터처럼 온종일 뱅뱅 맴돌며 지나치게 걱정하고 챙겨주는 부모를 일컫는다. 어려서부터 자녀들의 숙제와 시험 고민, 친구를 혼내 주는 일까지 부모가 나서서 해결해주다 보니 자녀가 성인이 된 후에도 그들을 과잉보호하게 되는 것이다.

그러면 헬리콥터 부모를 둔 자녀는 잘 성장할까? 쉽게 긍정하기 어려운 질문이다. 아이들이 자신이 무엇을 하고 싶어 할 때 자신의 감정과 의지가 차단되기 일쑤고, 스스로의 선택에 대한 경험이 적어 자꾸 부모에게 의존하게 된다. 성인이 되었을 때도 힘든 상황을 스스로 헤쳐나가기보다 부모에게 의지하려고 한다. 갈등을 겪고 이를 스스로 해결해 본 일이 없기 때문에 문제가 생기면 일단 피하고자 하는 성향을 보이기 쉽다. 또한 매사 다른 사람의 눈치를 보며, 타인과의 갈등 상황을 피하고 그들의 요구에 순종적으로 행동하는 경우도 많다. 결국 부모로부터 간섭을 받은 아이는 간섭의 양 만큼이나

부모로부터 간섭을 받은 아이는
간섭의 양 만큼이나
인생이 망가지고 있는 것이다.

인생이 망가지고 있는 것이다. 세계적인 교육 전문가들도 올바른 인격 형성과 행복한 삶을 위해서는 부모로부터 독립되어야 한다고 입을 모은다.

더욱 심각한 문제는 우리나라의 헬리콥터 부모는 자녀가 성인이 되어도 멈추지 않는다는 것이다. 대학교에 진학하고 대학원에 가고 취직을 하더라도 헬리콥터를 타고 계속해서 따라다닌다. 수강신청부터 동아리 활동까지 아이들의 대학생활을 일일이 간섭하고, 자녀를 좋은 길로 안내한다며 대학원 진학과 전공까지 정해주는 경우도 있다. 자녀가 직장을 다녀도 마찬가지다. 결근을 할 경우 부모가 직접 자녀의 상사에게 전화를 걸어 '우리 애 독감 걸려서 출근할 수 없다'는 말을 전하는 경우도 있다고 하니 문제가 얼마나 심각한지 실감하게 된다.

종종 학부모들을 만나는 자리에서 학교 폭력에 대한 이야기를 듣곤 한다. 성격이 나쁜 학교 폭력이야 당연히 근절되어야 하지만, 또래들끼리의 말다툼이나 작은 싸움까지 너무 크게 확대해 관심을 보이는 경우가 있다. 친구와 싸워 맞았다거나, 숙제를 해오지 않아 선

자라나는 아이들에게는 실패할 권리가 있다.
결과가 어떻든 실패 그 자체를 통해 중요한
무언가를 배우는 법이다. _____

생님께 혼났다거나, 놀다가 계단에서 다친 경우까지도 크게 걱정을
한다.

물론 학부모들의 마음을 이해 못하는 것은 아니지만 언제까지 아
이들의 일거수일투족을 지켜줄 수 있는지 물어보고 싶다. 학교 문제
의 90퍼센트 이상은 아이들이 자라면서 겪는, 또는 겪고 지나가야
하는 경험이므로 어른들이 개입하지 않으면 오히려 자연스럽게 해
결될 때가 많다. 아이들이 학교에 다니는 이유 역시 누구도 가르쳐
주지 않은 삶의 지혜를 직접 체험하며 배우기 위함이 아닌가!

때로는 방황도 하고 잘못된 사고도 치면서 자라야 인생의 방향성
을 잘 찾을 수 있다. 많은 부모들이 자녀의 실패를 두려워하며 삶의
목표와 꿈, 방향을 위해 지금 해야 할 일들을 정해주곤 하는데, 그것
은 교육이 아니라 자녀의 인생을 송두리째 앗는 행위다.

자라나는 아이들에게는 실패할 권리가 있다. 결과가 어떻든 실패
그 자체를 통해 중요한 무언가를 배우는 법이다. 인생의 든든한 뿌
리가 될 수 있는 실패의 경험을 가로막는 부모의 방패는 '더 이상 도
전하지 말라'는 뜻과 같다고 생각한다.

자신만의 꿈을 이룰 수 있도록 도전할 수 있는
기회, 선택할 수 있는 기회, 실패할 수 있는
━━━━━━━━━━━ 기회를 빼앗지 말아야 한다.

아이들은 자신들의 인생을 살기 위해 태어났다. 저마다 스스로 살아갈 수 있는 능력을 이미 갖고 태어났다. 그런데 부모가 아이를 곁에 두고 떠나보내려 하지 않고 부모의 희망사항에 맞는 인생을 살라고 강요한다면 자녀의 입장에서는 이보다 더 불행한 일이 어디 있을까.

올바른 부모의 역할

부모의 역할은 자녀가 자신들의 인생을 살 수 있도록 도와주는 것에 있다. 그것이 부모의 올바른 역할이다. 자녀의 자기실현을 방해하는 부모는 진정한 부모라 할 수 없다. 아이들이 스스로 목표를 정하고 목적을 달성할 수 있도록, 나아가 자신만의 꿈을 이룰 수 있도록 도전할 수 있는 기회, 선택할 수 있는 기회, 실패할 수 있는 기회를 빼앗지 말아야 한다. 자녀가 자신의 인생을 위해서 열심히 살아갈 때 그 삶이야말로 진정한 의미에서 부모를 위한 인생이고 사회를 위한 인생이 되는 것이다.

어른들의 우려와는 달리 아이들은 스스로 커간다. 우리가 전혀 느끼지 못하는 곳에서 그들은 이미 자신들만의 장점을 키워나가고 있다. 부모의 지나친 관심과 개입으로 떠밀리듯 살아가는 아이들도 있지만 또 다른 아이들은 적극적으로 의견을 개진하거나 수평적이면서 쌍방향의 의사소통 구조를 만들기도 한다. 대표적인 사례가 바로 촛불집회가 아닌가 싶다. 촛불집회에 나선 청소년들은 기성세대가 걱정만 하고 있을 때 스스로 자신들의 생각을 표출하고 새로운 흐름을 만들어 낼 만큼 성숙한 모습을 보여주기도 했다.

자녀들을 교육시킨다고 하면서 그들의 생각을 성장시키고 끼를 키워주려고 노력하기보다는 기성세대들의 가치관과 도덕관념, 그리고 문화양식을 물려받기를 바라는 것은 아닌지 다시 한 번 생각해 볼 필요가 있다. 이미 아이들은 기성세대와는 전혀 다른 세상에서 살아가고 있는 데 말이다.

4 _____ 이 시대가
요구하는
공부법

세상 속에서 체득하는
삶의 지혜가 먼저다

| 체험교육 |

놀이를 잊은 아이들

어른들이 무심코 지나치는 길에서 아이들은 숨겨진 보물을 찾는다. 정해진 길이 아닌 다른 길로 들어가 보고, 길에 피어난 꽃들을 만져 보고, 곤충들의 움직임을 관찰하면서 아이들은 자연 속에 숨겨진 보물을 찾아내는 순수한 시선을 갖고 있다. 이렇듯 자연스러운 체험 활동은 아이들의 뇌를 자극하며, 이는 곧 살아 있는 공부가 된다.

요즘 아이들은 너무 바빠서 흙길을 걸어 볼 수 있는 여유가 없다. 사실은 흙조차 구경하기 힘들다. 어린이공원이나 놀이터를 둘러 봐도 깨끗하게 포장되어 있는 바닥에 깔끔한 놀이기구만이 배치되어 있을 뿐이다. 모래를 가지고 상상력을 총동원해 이것저것 만들며 즐길 수 있는 순수한 놀이가 사라진 공원, 아이들이 노는 목소리를 소음으로 밖에 느끼지 못하고 불평하는 어른들, 아이들이 새로운 뭔가를 시도하려 하면 위험하다는 이유로 말리고 간섭하는 어른들로 인해 아이들의 순수한 체험활동이 사라지고 있다. 그래서인지 요즘 아이들을 보면 몸은 커졌는데 기초 체력은 오히려 떨어지는 경우가 많다. 금방 피곤해하는 아이, 뭔가를 하려고 하지 않고 지시만을 기다리는 무기력한 아이, 사람과 잘 어울리지 못하는 아이들도 심심찮게 볼 수 있다.

나는 그 원인 중 하나로 놀이의 부재, 체험의 부재를 꼽는다. 어린 시절 자유로운 놀이와 체험은 발상의 풍요로움과 개성을 키우는 데 큰 도움이 된다. 오죽하면 전문가들조차 다양한 고민이나 문제를 가지고 상담하는 아이들에게 '자유로운 놀이'를 특효약으로 권장하겠는가.

뛰노는 아이들이 바르게 성장한다

칸트는 "감각 없는 개념은 공허하고, 개념 없는 감각은 맹목적이다"라는 말을 했다. 요즘 아이들은 교과서와 참고서를 통해 개념을 머리로만 배우고 '감각'을 통해 '개념'을 직접적으로 경험하는 일이 드물기 때문에 공부를 재미없고 지루하게 여긴다. 학년이 올라갈수록 시험 대비를 위해 딱딱하고 건조한 내용을 암기만 할 뿐 실제 체험이나 실험 실습을 통해 개념이나 공식을 몸소 확인하며 깨닫는 기회를 자주 갖지 못한다. 그러니 이효석의 〈메밀꽃 필 무렵〉을 읽으면서 "산허리는 온통 메밀밭이어서 피기 시작한 꽃이 소금을 뿌린 듯이 흐뭇한 달빛에 숨이 막힐 지경이다"라는 대목에서 별다른 감흥을 느끼지 못하는 것 아닐까. 국어는 어렵고, 수학·과학은 괴롭고, 사회는 일상생활과는 동떨어진 것으로 느끼는 것도 이 때문일 것이다.

아직도 우리나라 부모들은 아이들의 자유로운 놀이나 풍부한 체험의 중요성에 대한 이해와 배려가 부족하다. 놀이보다도 학업이 우선되어 학원이나 과외 수업에 쫓겨 지내는 아이들이 많은 것을 보면 안타까울 뿐이다.

언젠가 '다 익었을 때 붉은빛을 띠지 않는 과일은?'이라는 질문에 감을 고른 초등학생이 있었다는 얘기를 들은 적이 있다. 부모는 아이가 그 문제를 틀린 것을 보며 너무 기가 막혔다고 한다. 그러면서 한편으로는 반성을 했다. 아이가 과일의 색깔마저 구분하지 못할 정도로 여유 없이 커간다는 생각을 한 것이다. 그 후 부모는 과일을 사러 갈 때마다 아이를 데리고 가서 다양한 과일을 직접 골라 장바구니에 담게 했다.

극단적인 예시가 될 수 있지만 지금의 아이들이 그만큼 살아 있

교육 선진국들은 초등학교, 중학교 학생들에게 지식보다는
체험교육을 많이 시킨다. 스스로 부딪혀 스스로
깨우치게 하는 교육을 선택하고 있는 것이다. ─────────

는 체험, 즐거운 놀이와는 동떨어진 시간을 보내고 있음을 보여준
다. 어린 시절에는 개념이나 공식, 이론보다 감각을 통해 다양한 것
을 직접 느끼게 해주는 체험이 가장 중요한데도 말이다.

● 탐구력과 상상력을 키우는 일

우리가 일상생활에서 가장 많이 사용하는 지식은 직접체험을 통
해 얻은 것들이다. 그래서 교육 선진국들은 초등학교, 중학교 학생
들에게 지식보다는 체험교육을 많이 시킨다. 스스로 부딪혀 스스로
깨우치게 하는 교육을 선택하고 있는 것이다. 전남도교육청 역시 이
러한 이유로 학교에서 다양한 체험활동과 수련활동 등을 활발하게
이어갈 수 있도록 지원하고 있다.

일례로 올해는 목포유달초등학교 및 나주다시중학교 등 5개 학교
를 '농업체험프로그램 운영학교'로 선정했다. 아이들에게 자연 친화

적인 교육을 통해 창의성을 높이고 인성을 가꿀 수 있는 실질적인 체험의 기회를 제공하기 위해서다. 선정된 학교에서는 친환경 농산물을 직접 심고 가꾸며, 수확한 채소로 음식을 만들어 보는 등 친환경 농업체험 프로그램을 운영한다. 특히 목포유달초등학교는 학교 내의 척박한 땅을 직접 농장터로 개간해 도시 속 희망 농장을 운영할 계획이다.

이밖에도 바둑, 승마, 춤, 노래 등 다양한 체험을 할 수 있는 시간과 공간, 시설을 확보해 아이들 스스로 자신의 재능을 찾을 수 있게 돕고 있다. 교과서를 통해서만 배우던 곤충, 생활 속 과학 원리를 이제는 교실 밖에서 직접 체험할 수 있는 활동으로 초점을 옮긴 것이다. 이를 통해 아이들은 직접 지렛대를 누르며 원리를 체험하기도 하고, 공룡의 다리뼈와 키를 직접 눈으로 보고 비교하며, 지진체험과 태풍체험, 인체탐험 등의 프로그램에 참석하며 탐구력과 상상력을 함께 키워가고 있다.

'천년고도 경주역사탐방'과 같은 현장체험 프로그램을 운영할 때는 선생님의 도움 없이 아이들이 직접 체험활동의 계획을 짜게 하여 계획 단계부터 실행, 평가 단계까지 통틀어 스스로 문제를 해결해낼 수 있도록 지도하고 있다.

어른들이 보기에는 사소한 일 같지만 아이들에게는 크고 중요한 일이여서 어떻게 목적지를 갈 것인지, 무엇을 보고 먹고 체험할 것인지 등을 토의와 시행착오를 거쳐 계획하고 실행한다. 이러한 과

체험활동은 이처럼 무엇보다 아이들의 자립심을
높이고 스스로 공부할 수 있는 힘을 키우는 데
매우 효과적이다. _____

정을 통해서 자기주도적 문제해결력을 높이고 협동심, 배려심 등을
자연스럽게 배우고 있다. 체험활동은 이처럼 무엇보다 아이들의 자
립심을 높이고 스스로 공부할 수 있는 힘을 키우는 데 매우 효과적
이다.

● 선진 직업체험 프로그램

한편 체험교육은 아이들의 진로를 결정하는 데에도 막대한 영향
을 끼친다. 좋아하는 분야를 찾고 꿈을 키워나가는 데에는 다양한
체험이 밑바탕 되기 때문이다. 그래서 교육 선진국들의 경우 체험교
육의 연장선상으로 직업체험 교육에 힘을 쏟고 있다. 진로를 선택함
에 있어서도 직접 경험해 볼 수 있는 기회의 장을 제도적인 차원에
서 마련하고 있는 것이다.

국제학업성취도 평가PISA에서 우리나라와 늘 선두를 다투는 핀란
드는 중학교 때부터 현장 직업체험과 탄탄한 진로교육으로 학생들

의 적성을 일찍 파악하고 진로를 설계할 수 있도록 돕는다. 핀란드의 청소년 직업체험은 1980년대 전국적으로 시작됐다. 면적이 우리나라보다 세 배 이상 넓은데 인구는 우리나라의 10분의 1밖에 안 되어 인적자원을 소중하게 여기고 일찍부터 청소년 직업교육에 신경을 쓴 것이다. 핀란드 국가교육위원회는 청소년 직업체험을 권장하고 각 지자체나 학교가 구체적 가이드라인을 갖출 수 있도록 장려하고 있다. 특히, 직업체험 프로그램 사이트 운영을 통해 호텔, 건축사무소 등 특성화고 출신이 선택할 만한 직종에서부터 변호사 사무실, 병원 등 대학 졸업자가 선택할 수 있는 직종까지 청소년들에게 멘토링 기회를 주는 기업의 정보를 제공하고 있으며, 희망 학생이 사이트에서 신청서를 작성해 접수하면 적당한 업체와 시기 등을 섭외해 준다. 국가가 직업체험 교육을 적극 권장하고 있기 때문에 이 나라 학생들은 원하는 일, 궁금한 직업이 생길 때마다 환경에 제약받지 않고 다양한 경험을 쌓을 수 있다.

덴마크의 경우 학교들마다 수시로 직업 체험 프로그램을 운영하는데 학생들의 진로교육과 직업체험을 각 학교에 임용된 진로교사가 담당한다는 것이 특징이다. 실제로 진로상담교사는 다양한 직업을 경험해 본 사람을 선발하는데, 많은 경험을 가진 사람이 학생들에게 실질적인 조언을 해줄 수 있다는 취지에서이다. 이들은 직업체험을 제공하는 많은 기업을 데이터베이스화 하고, 새로운 기업을 방문해 직업체험 장소를 발굴하기도 하며, 학생들의 부탁을 받은 기

실제로 진로상담교사는 다양한 직업을 경험해 본 사람을
선발하는데, 많은 경험을 가진 사람이 학생들에게
실질적인 조언을 해줄 수 있다는 취지에서이다. _____

업에 연락을 취해 직접 직업체험을 연결해주기도 한다. 덴마크도 대학에 진학하려는 학생이 많지만, 무조건 대학 진학을 권유하는 것이 아니라 학생들에게 다양한 방법으로 자신에게 맞는 진로를 찾고 체험해 볼 수 있는 기회를 제공함으로써 대학진학을 포함한 진로선택에 도움을 주기 위해 노력하고 있다.

한편, 영국에는 학생과 기업을 이어주는 공익재단이 있다. 이들은 학생들에게 금융, 패션, 영국 왕립 해군, 제조업, 스포츠 등 사회 각 분야에서 활약하고 있는 리더들을 만나게 해주고 방문 직업체험으로까지 연결되도록 돕는다. 또한 국가의 도움 아래 기업이 주도적으로 직업체험 프로그램을 운영하며, 기업은 학생의 직업체험 교육에 전 직원을 동참하게 하는 것이 특징이다. 직업체험을 희망하는 학생은 실질적인 업무를 체험하는 것 외에도 '회사 안에서 소수자에 대한 윤리적 문제가 생긴다면 어떻게 할 것인가' 같은 실제로 일어날 수 있는 사내 이슈들을 생각하고 고민하는 과정을 거치게 된다. 이처럼 현실에 바탕을 둔 직업체험을 통해 아이들은 모호하게 생각했던 꿈의 방향성을 구체적으로 찾아가고 있다.

● 경험해야 꿈을 꾼다

　어른들 눈에는 보이지 않을 수도 있지만 아이들에게는 저마다 고유한 능력이 있다. 그것을 찾기 위한 과정에서 체험은 빠져서는 안될 중요한 요소이다. 개개인이 가진 잠재력, 미처 알지 못했던 무한한 가능성은 바로 자신이 직접 겪은 경험과 체험을 통해 발견되어지는 법이다. 그 누구라도 경험해 보지 않으면 자신이 무엇을 잘 하는지, 무엇에 흥미를 느끼는지 알기가 어렵다.

　아이들에게 세상을 경험할 수 있는 충분한 기회를 주지 않은 채 '높은 꿈, 훌륭한 꿈을 꾸라'고 말하는 것은 모순이다. 더 늦기 전에 아이들이 가진 저마다의 능력을 '스스로' 발견할 수 있도록 우리나라의 교육문화 안에 체험교육이 더 깊게 자리 잡게 해야 할 것이다.

개성을 살리는
교육의 실천
| 무지개학교 |

● 일곱 빛깔 무지개처럼

　과거에는 아이들에게 배를 만드는 방법, 고기 잡는 방법을 가르쳤다. 그러나 미래를 위한 교육은 다르다. 고기 잡는 방법을 가르쳐주는 것도 필요하지만, 바다 그 자체를 동경하게 하는 교육이 필요하다. 바다를 동경하게 될 때 아이들은 스스로 고기 잡는 방법, 거북선과 같은 배를 만드는 방법을 찾아 익히고 해양에 관한 새로운 비전을 세워갈 수 있기 때문이다.

　지금 아이들에게 필요한 지식은 학교를 통하지 않고도 얼마든지 전달될 수 있다. 부족한 것은 지식의 양이 아니라 지식을 재구성하는 능력이요, 꿈을 찾아주는 교육인 것이다. 그래서 전남도교육청은 아이들이 다양한 경험과 체험을 통해 스스로 꿈을 꾸게 만드는 교육을 실현해나가고 있다. 국내 최초로 '무지개학교'라는 이름 아래 전남도교육청만의 교육혁신을 시작한 이유도 미래의 리더가 가져야 할 핵심 역량을 아이들에게 갖춰주기 위해서였다.

무지개학교의 정신이자 목표는 창의성과 인성을 고루 갖춘 미래의 인재를 길러내는 것이다. 특별히 학교 이름에 '무지개'라는 표현을 붙인 것은 일곱 가지의 색깔을 지닌 무지개처럼 학교는 아이들이 지닌 다양한 재능과 끼를 발견해내는 교육을 우선으로 해야 함을 강조하기 위해서였다.

아이들은 새싹과 같은 존재다. 이 싹이 어떻게 성장할지 아무도 모른다. 이처럼 아이들에게 잠재된 무지개 같은 능력을 깨우고 키우는 것이 교육의 역할이다.

⋮ 학생이 학습 계획을 짜는 무지개학교

핀란드 교육과 우리나라 교육의 가장 큰 차이는 노는 것에 있다. 핀란드는 아이들이 실컷 놀 수 있는 교육환경을 제공한다. 놀면서 실력을 갖추게끔 돕는 것이다. 이것은 무지개학교의 정신과도 맥이 닿아 있다. 그냥 놀면서 시간을 허비하는 것이 아니라 놀면서 무엇

학생들이 직접 동아리를 만들고,
예산과 계획을 짜는 식이다.
교사는 뒤에서 학생들의 활동을 보조할 뿐이다. _____

인가를 배워간다는 것이 중요하다.

무지개학교 수업은 체험이 중심이 된다. 예를 들어 건강이라는 주제로 공부를 할 때 '아토피에는 편백나무가 좋다'라고 설명하기보다는 편백나무와 같이 아토피 치료에 효능이 있는 식물을 직접 가꾸고, 그것을 재료로 사용해 음식을 만들어 보는 체험을 한다. 이러한 과정을 통해 자연스럽게 아이들의 호기심을 자극하면 동기부여가 되어 스스로 알아보려고 노력하거나 더 깊게 공부하고자 할 수 있으며 실제로 아토피가 있는 아이들은 건강을 되찾는 등 실생활의 지혜를 체험하게 된다.

무지개학교의 또 하나의 특징은 학생 중심 교육에 있다. 일반 학교는 선생님이 가르치고 학생들은 수동적으로 지식을 습득하는 교육과정을 운영한다. 하지만 무지개학교는 학생의 관점으로 수업이 진행된다. 교사 중심이 아닌 학생 중심, 즉 학생이 주도하는 교육환경을 추구하는 것이다. 예를 들어 학교의 동아리는 자율로 운영된다. 학생들이 직접 동아리를 만들고, 예산과 계획을 짜는 식이다. 교사는 뒤에서 학생들의 활동을 보조할 뿐이다. 체험학습의 경우에도 보통은 교사가 계획을 다 짜놓고 아이들은 계획에 따라 활동하는 형태로 운영되지만, 무지개학교에서는 아이들이 직접 체험학습의 계획을 짤 수 있는 기회를 열어 둔다. 예를 들어 '제주도 한 바퀴 하이킹'이라는 체험 주제가 정해지면 어느 경로로 갈지, 예산을 얼마나 쓸지 등 학생들이 직접 머리를 맞대고 정해야 하는 것이다. 학생이 주도적으로 계획을 짜고 교사는 안전상의 문제 정도만 보조해주는 것이다. 이러한 과정을 통해 학생들은 자율성과 도전의식, 협동심 등을 키우며 교사는 학생들의 생각과 관점을 더욱 잘 이해할 수 있게 된다. 결국에는 학생도 행복하고 선생님도 행복한 학교를 만들어 가는 것이다.

• '엄마에게 배우는 바느질 교실'

나아가 무지개학교는 학부모의 교육 참여도가 매우 높다. 교육이라는 것이 학교에서만 이뤄지는 것이 아니라 학부모, 지역사회와 함께 이뤄나가야 하는 과정임을 더욱 널리 알리기 위해 가장 먼저 체험활동에 직접 참여하는 학부모의 수를 늘렸다. 전남의 한 학교에서 진행된 '엄마에게 배우는 바느질 교실'은 학부모의 재능기부를 통해 이뤄졌다. 학부모가 가진 재능을 아이들에게 나눔으로 인해 아이들은 친근한 분위기 속에서 실생활에 필요한 바느질 기술을 전수받을 수 있었고, 학부모는 아이들과의 교류를 통해 아이들이 가진 다양한 능력을 다시 한 번 실감할 수 있는 기회가 되었다.

무지개학교에 대하여 전남의 학생들과 학부모들은 매우 만족하고 있다. 학부모의 경우 아이들의 핵심 역량을 길러내는 데 가장 중요한 역할을 하는 것으로 무지개학교를 꼽았을 정도다.

4년 동안 100개의 무지개학교를 운영할 계획이었으나 지역주민들의 요구가 증가함에 따라 군 단위 지역 전체를 무지개학교 교육지구로 선정하는 방향으로 그 계획을 발전시켰다. 이를테면 장흥지역, 장성지역, 영광지역의 전체 학교를 무지개학교로 지정하는 방식이다. 2016년 현재, 전남의 무지개학교는 총 85교(유치원 1, 초등학교 60, 중학교 21, 고등학교 3)이며, 15개의 시·군을 무지개학교 교육지구로 운영하며 혁신학교의 바람을 불러일으키고 있다.

⁞ 세계로 뻗어나가는 무지개

무지개학교의 정신에 기반한 '선상무지개학교'도 빼놓을 수 없는 전남 교육의 자랑거리다. 2011년 처음 시작된 선상무지개학교는 말 그대로 배를 타고 국내외 문화체험을 하며 글로벌 리더로서의 역량을 다지는 프로그램이다. 2015년에는 209명 중학생들이 선상무지개학교에 입교하여 여름방학 중 3주간 집중체험을 하였다. 참가한

선상무지개학교는 말 그대로 배를 타고
국내외 문화체험을 하며 글로벌 리더로서의
역량을 다지는 프로그램이다.

학생들은 항해하는 동안 독서토론 활동과 동아리 활동, 진로수업 등
에 참여했으며, 오전 6시 30분 기상을 시작으로 규칙적인 생활 습관
을 기르고 단체 활동을 통한 협력과 배려, 나눔을 배웠다. 특히, 일본
과 중국의 현지 문화체험을 통해 다른 나라의 다양한 문화를 경험하
며 세계를 바라보는 관점을 넓힐 수 있었다.

2016년 선상무지개학교는 200여 명의 중학생을 대상으로 7월
하순에 14일간 진행한다. 이번에는 일본 나가사키를 거쳐 중국 상
하이로 향하는 여정으로 일본 나가사키에서는 원폭자료관 등을 방
문해 전쟁의 참상과 평화의 중요성, 일본이 주장하는 평화의 문제점
등을 생각하고 토론하는 시간을 가질 것이다. 또한 중국 상하이에서
는 대한민국 임시정부청사와 윤봉길기념관 등을 방문해 대한민국
임시정부와 독립운동의 역사를 돌아보고, 쑤저우와 항저우 방문을
통해 성장하는 중국의 모습, 대운하가 바꾼 중국의 역사 등을 함께
공부할 예정이다.

선상무지개학교는 학생들이 배라는 특수한 조건 안에서 생활하기

아이들은 어떤 문제가 닥치든지 스스로 해결하거나
극복해내야만 한다. 이러한 상황이다 보니
자립심과 독립심이 기대 이상으로 커질 수밖에 없다. ──────

때문에 다양한 배움이 존재한다. 가장 먼저 부모나 교사로부터 도움을 받을 수 없는 환경에 있다 보니 아이들은 어떤 문제가 닥치든지 스스로 해결하거나 극복해내야만 한다. 이러한 상황이다 보니 자립심과 독립심이 기대 이상으로 커질 수밖에 없다. 그리고 학생들 간에 협동심 역시 커진다. 어려움이 생기면 친구에게 도움을 요청하거나 서로 머리를 맞대고 고민하기 때문이다. 또한 국내외 문화체험을 통해 열린 세계관을 형성하게 된다. 역사의 현장을 교과서를 통해 보는 것과 직접 가서 분위기를 느끼는 것에는 큰 차이가 있다. 이처럼 3주간 진행되는 선상무지개학교를 통해 아이들은 글로벌 리더의 역량인 배려와 협력을 배우고, 단체 활동을 통한 공동체의식을 고양하며 높은 역사의식과 열린 세계관을 선물로 받게 된다.

　이러한 효과를 누구보다 잘 알기 때문에 전남도교육청은 선상무지개학교에 큰 예산을 투자하고 있다. 매년 20억에 가까운 예산을 투자하면서까지 굳이 선상무지개학교를 운영하는 이유는 이러한 교육이 바로 우리나라의 미래를 만들어낼 것이라는 확신이 있기 때문이다. 참여한 학생들 모두가 선상무지개학교를 통해 변화하는 것은 아닐 것이다. 보통은 "재미있었다"라고만 느끼고 한 달 이내에 경험했던 모든 것을 잊어버릴 수도 있다. 그러나 1,000명 중 단 한 명이라도 선상무지개학교를 통해 삶의 방향성이 변하고 가치 있는 꿈을 꾸기 시작했다면 나는 그것으로 성공했다고 본다. 1,000분의 1의 확률일지라도 누군가가 의미 있게 변화될 수 있다면 우리는 마땅히 그 기회에 투자해야 하는 것이다.

● 무지개학교, 다양성의 진화

물론 선상무지개학교를 비롯한 무지개학교를 전남도교육청에서 최초로 시도하다 보니 초반부터 어려움이 많았다. 우리나라의 경우 학교를 졸업하려면 특정 교과목을 이수해야 하고, 수업시수를 채워야 한다. 문제는 수업시수를 채우려면 다양한 체험활동을 하는 데 큰 제약이 따른다는 것이다. 우선 시간적인 여유가 없다. 그래서 전남은 무지개학교에 교과운영에 대한 20퍼센트의 재량권을 부여했다. 현 교육법을 어기지 않는 범위 내에서 학교 교육에 자율성을 부여해 혁신적인 체험활동들을 진행할 수 있도록 한 것이다.

20퍼센트의 재량권이 현 제도 안에서는 큰 변화였나 보다. 그래서인지 막상 재량권을 주니 교사들부터가 당혹스러워했다. 처음부터 잘 짜인 무지개학교 프로그램 매뉴얼을 주지 않았던 이유는 하나

20퍼센트의 재량권이 현 제도 안에서는
큰 변화였나 보다. 그래서인지 막상 재량권을 주니
교사들부터가 당혹스러워했다. ─────────

의 매뉴얼이 각각의 학교 상황을 반영할 수 없음을 알았기 때문이다. 무지개학교에서 무지개가 지닌 의미는 아이들이 지닌 재능의 다양성뿐 아니라 학교의 다양성까지 존중한다는 뜻이 내포되어 있다. 그래서 무지개학교를 시작할 당시 학교별로 하고 싶은 교육을 알아서 추진하도록 내용과 방법을 열어 두었던 것이다. 그렇게 도서, 농촌, 어촌학교 등 100여 개의 학교가 저마다의 프로그램을 만들어 진행했고, 그것을 4년간 모아 보니 좋은 사례들이 나왔다. 이후 여기서 나온 사례들을 바탕으로 매뉴얼을 만들어 학교에 제공했지만, 각각의 학교에서는 그 툴을 그대로 사용하지 않고, 그것을 활용한 또 다른 모델을 만들어 교육에 적용하고 있다. 저마다의 다양성을 바탕으로 무지개학교는 계속 진화해나가고 있다.

혁신이 아닌 개선이 필요한 때

사실 무지개학교가 아이들의 다양성을 인정하고 인성교육을 강

아이들이 지닌 무한한 끼와 재능이
다양한 색깔을 가진 전남의 무지개학교 안에서
―――――――――――― 더욱 발현되기를 꿈꾼다.

조하다 보니 주변의 많은 사람들이 아이들의 학력 저하를 우려했다. 하지만 지난 몇 년간의 결과를 살펴보면 아이들이 공부에 더 욕심을 내더라는 일선 교사들의 피드백을 듣게 되고, 또한 학부모들과의 만남에서 아이들의 태도와 인성이 참 좋아졌다는 이야기를 자주 듣는다. 그럴 땐 교육자로서 큰 보람을 느낀다.

교육하는 방식에 있어 다양한 혁신을 추구하기 때문에 무지개학교가 혁신학교로 불리기도 하지만 다른 지역의 혁신학교와는 차이가 있다. 혁신은 기존의 방법이 모두 잘못되었으니 '다 바꿔야 한다'에서부터 출발하지만, 나는 그렇게 생각하지 않는다. 예전의 교육방식에도 좋은 점이 있었기에 한국 사회의 발전이 있었던 것으로 본다. 그런 의미에서 전남도교육청은 기존의 교육 방식 중 개선될 필요가 있는 부분은 바꾸되, 각각의 학교들이 자신만의 색깔을 더욱 진하게 나타낼 수 있는 교육환경을 만들 수 있도록 지원할 것이다. 아이들이 지닌 무한한 끼와 재능이 다양한 색깔을 가진 전남의 무지개학교 안에서 더욱 발현되기를 꿈꾼다.

시베리아를 횡단하며
꿈을 키운다

| 독서 · 토론열차 |

🔵 토론이 낳은 소통과 공감

현재 초 · 중학교 학생들은 미래에 기계와 경쟁을 해야 하는 첫 세대가 될 것이다. 이들이 미래 인공지능과의 경쟁에서 앞서나가기 위해서는 그에 맞는 교육이 필요한데, 많은 전문가들이 입을 모아 말하는 것이 바로 '독서 및 토론'과 같은 학습과정이다.

그래서 핀란드, 미국과 같은 교육 선진국들은 일찍이 독서 · 토론에 기반한 교육을 펼쳐나가고 있다. 전남도교육청 역시 초 · 중학교 학생들의 기초학력을 높이고 미래 핵심 역량을 키우기 위해 인성교육과도 깊이 연결되어 있는 독서 · 토론 수업을 학교에 효과적으로 정착시키고자 노력하고 있다.

우리가 추진하는 독서 · 토론 수업의 방향은 독서 후 자기의 주장을 논리적으로 펼칠 수 있는 능력을 키워내는 데 있다. 다른 사람의 주장을 무조건 꺾으려는 토론이 아니라 독서를 통해 습득한 풍부한 지식을 바탕으로 상대를 설득하고 협상하는 과정을 중요시한다. 독서를 통해 얻은 생각은 토론을 통해 완벽히 자신의 것이 될 수 있으며 상대를 배려하는 소통과 공감을 이끌어내는 토론이야말로 독서 활동을 효과적으로 마무리 짓는 과정이라고 생각한다.

독서 토론 수업이 만든 놀라운 기적

자신의 생각을 말로 정확하게 표현하는 능력, 상대방의 의견을 정확하게 파악하는 능력은 사회생활을 하는 데 매우 필요한 역량이다. 소통으로 세상을 움직인 글로벌 리더 버락 오바마, 새로운 역사를 개척한 세종대왕 역시 독서를 즐겼으며, 사람의 마음을 움직이는 토론의 달인이었다는 것을 볼 때 독서 · 토론은 시대를 막론하고 건강한 사회를 만드는 중요한 요소임에 틀림이 없다. 전남도교육청이 독서 · 토론 수업을 적극적으로 도입한 이유도 여기에 있다.

오랜 시간 전남은 매년 실시되는 기초학력평가에서 꼴찌이거나 바닥 수준을 넘지 못했다. 그러다 2013년 전남도교육청이 생긴 이

독서·토론 수업에 높은 예산을 책정하고 교과 수업의
10퍼센트는 반드시 독서·토론 수업으로
진행할 수 있도록 추진하였다. _____

후 처음으로 전국 평균을 넘어섰다. 인성교육을 기반으로 한 교육 프로그램과 독서·토론 수업의 효과가 조금씩 나타나기 시작한 것이다.

사실 반복적인 문제풀이나 단순 암기 위주의 공부라면 단순한 교육전략만으로도 단기간에 효과를 볼 가능성이 크다. 하지만 독서·토론 수업의 경우 교육효과를 단기간에 기대하기란 힘들다. 아이들의 실력뿐 아니라 인성과도 밀접하게 관련되어 있으며, 책 읽는 실력과 말하는 능력은 하루아침에 향상되는 것이 아니기 때문이다. 이에 전남은 향후 10년 정도를 내다보며 독서·토론 수업의 정착에 꾸준히 투자하고 있다. 독서·토론 수업에 높은 예산을 책정하고 교과 수업의 10퍼센트는 반드시 독서·토론 수업으로 진행할 수 있도록 추진하였다.

아울러 독서와 토론이 아이들은 물론 지역사회의 문화로 자리 잡힐 수 있도록 독서동아리를 만들었는데 지금까지 600여 개 독서동아리를 지원하였다. 교사, 학생, 학부모들 간의 독서동아리뿐 아니라 교사와 학부모, 학부모와 학생 등 사회적 역할이 서로 다른 구성원들이 만나 서로의 생각을 나눌 수 있는 형태의 독서동아리도 자발적으로 계속해서 생겨나고 있다. 전남의 독서동아리는 앞으로도 계속해서 늘어날 예정이며, 신청하는 학교가 있으면 예산과 프로그램을 꾸준히 지원할 방침이다.

● 독서토론열차에 꿈을 싣고 시베리아를 횡단하다

'독서·토론열차'는 전남도교육청의 독서·토론 활성화를 위한 획기적인 프로젝트로 2015년부터 시행하고 있다. 독서·토론열차 학교는 시베리아 대평원을 기차로 횡단하면서 활발한 독서·토론 활동을 통해 글로벌 마인드를 아이들에게 심어줌으로써 이들을 대한민국의 미래로 만들어갈 인재로 키우는 데 그 목적이 있다. 학생들의 배움터는 비록 전라남도에 국한되어 있더라도 향후 활동 무대는 5대양 6대주에 이를 것이라는 넓은 생각을 갖게 하는, 꿈과 호연지기를 길러주는 전남만의 특색 있는 시책이다.

선상무지개학교는 중학교 2학년을 대상으로 하고, 독서·토론열차는 고등학교 1학년을 대상으로 한다. 독서·토론 열차에 고등학생을 태우는 이유는, 이 시기가 되면 자신만의 가치관이 정해지기 때문에 독서를 통한 양질의 토론이 가능하다고 보기 때문이다. 우리나라 고등학교 학생들에게 이러한 활동은 대학입시나 취업을 위해 독서 · 토론열차의 대표 수업은 '아이브랜드 책쓰기'이다.
자신의 진로와 비전을 찾아서 꿈을 설계하고
이후의 삶을 스스로 계획하는 과정을
나만의 책에 담는 것이다. _____

서도 좋은 체험활동이 될 것이다.

유라시아 대륙횡단은 무려 1만 5,000여 킬로미터에 이르는 대장정이다. 참가한 학생들은 15박 16일 동안 열차를 타고 이동하면서 그 안에서 학습하고 생활을 한다. 조를 짜서 조별로 책을 읽고 그 내용을 바탕으로 토론하며 공감대를 높이고 발표력도 쌓는 시간을 갖는다.

또한 중간 기착지에 내려 우리 조상들의 흔적이 담긴 유적지를 방문하며 역사의식을 키우기도 한다. 일제강점기 나라 밖 항일 독립운동의 중심지였던 우수리스크를 방문해 헤이그 밀사로 알려진 독립운동가 이상설 선생의 유허지를 돌아보며 우리 민족의 역사를 배우고, 현장에서 느낀 소감을 각자의 노트에 남긴다. 고려인 문화센터에도 방문해 말은 통하지 않아도 눈빛과 몸짓으로 고려인 청소년들과 교류하는 시간을 갖기도 한다.

열차학교인 만큼 이동 중에도 수업이 이루어진다. 독서 · 토론열차의 대표 수업은 '아이브랜드 책쓰기'이다. 대륙 횡단 내내 아이들은 주제에 따른 토론 내용을 자신만의 책으로 정리하면서 자신만의 정체성을 찾게 된다. 단순하게 무엇을 보고 들었는지를 적는 것이 아니라 독서·토론열차의 전 과정을 통해 자신의 진로와 비전을 찾아서 꿈을 설계하고 이후의 삶을 스스로 계획하는 과정을 나만의 책에 담는 것이다.

나아가 수업부터 숙식까지 네 명이 함께하는 객실 생활은 타인을 이해하고 배려하는 공동체의식을 키우는 좋은 시간이 된다. 좁은 공간 안에서 네 명이 생활하다 보면 서로 부딪치기 마련인데 그러한 과정 속에서 아이들은 서로를 배려하고 이해하는 법, 갈등을 해결하는 지혜를 배울 수밖에 없다. 책상 앞에 앉아 공부만 해서는 절대 배울 수 없는 삶의 지혜를 극한의 공동체 생활을 통해 습득하게 되는 것이다.

독서·토론열차에 참가한 학생들에게 가장 많이 들었던 소감은 '꿈을 꾸게 되었다'는 것이다. 좁은 열차 안에서 친구들과 부딪치며 생활하다 보니 자신을 돌아볼 줄 알게 되었고, 독서와 토론을 통해 생각의 깊이가 더해졌으며, 현지 체험활동으로 역사의식이 생기고 나라의 소중함을 알게 되니 저절로 '자신이 무엇을 해야 하는지'를 깨닫게 되었다는 의미일 것이다. 학생들의 호응이 좋다 보니 시베리아 횡단 독서·토론열차에 대한 학부모의 관심은 물론, 이를 벤치마킹하려는 타 시도교육청의 문의와 방문이 잇따르고 있다.

독서 · 토론을 통해 가장 기대하는 성과는
우리 아이들이 당당해지는 것이다. 자신감을 가지면
자신이 알고 있는 것들을 잘 표현해내는 능력이
커질 수밖에 없다. _____

⦂ 10년, 그 이후의 미래를 기대하며

15박 16일이라는 짧은 기간 동안 눈에 띄게 변화한 아이들을 보면, 장기적인 관점으로 추진하고 있는 독서 · 토론 수업의 효과는 과연 어떨지 정말 기대된다. 독서 · 토론을 통해 가장 기대하는 성과는 우리 아이들이 당당해지는 것이다. 자신감을 가지면 자신이 알고 있는 것들을 잘 표현해내는 능력이 커질 수밖에 없다. 또한 독서 · 토론을 통해 아이들은 동일한 주제에 대해서도 서로 다른 생각을 가질 수 있다는 것을 깊이 이해하게 된다. 이럴 경우 유연하게 제3의 생각을 하게 되는데 나는 이것을 창의성이라고 본다. 아울러 지식의 습득량이 배로 늘어날 것이다. 책을 혼자 읽고 덮어버리면 하나의 관점만이 남지만, 두 사람 이상이 서로의 생각을 나누면 자신이 인식하지 못한 또 다른 지식을 얻게 되기 때문에 지식의 습득량이 늘어날 수밖에 없다.

아울러 독서 · 토론의 활성화는 사회적으로 문제가 되고 있는 소통의 부재에 따른 여러 문제도 자연스럽게 해결할 것이라고 본다. 학생들 간에 건강한 토론이 일상이 된다면 서로를 배려하고 이해하는 폭이 커질 것이며 이러한 토론문화는 친구와의 폭력, 집단 따돌림 등 최근 이슈가 되고 있는 학교문제들을 해결하는 중요한 역할을 하지 않을까? 전남도교육청은 우리 학생들이 10년 뒤, 20년 뒤에 당당한 사회구성원으로 행복하게 살아갈 수 있는 능력을 길러주기 위해 독서·토론 수업에 전념하고 있다.

남북의 상황이 여의치 않아 독서토론 열차학교가 북한을 경유하여 시베리아를 횡단하지 못하는 것이 아쉬움으로 남는다. 2015년에는 정부의 허가를 받아 북한 측과 접촉했지만, 결국은 북한을 경유하지 못했다. 금년에도 통일부와 논의하였지만 이루어지지 않아 아쉽게도 중국을 경유하는 시베리아횡단 열차를 이용할 수밖에 없었다. 그렇지만 우리는 내년에도 후년에도 북한을 경유할 수 있도록 계속해서 노력할 것이다. 지금 우리가 분단된 조국에 살고 있다고 우리 학생들에게까지 분단된 조국을 물려줘서는 안 되기 때문이다. 우리의 교육적 노력이 조국의 통일을 앞당기는 데 도움이 되었으면 하는 바람이다. 학생들이 분단된 조국의 아픔을 느끼면서 조국의 평화통일을 설계하고 통일된 조국에서 당당히 역할을 다하는 인재로 성장해주길 기대해 본다.

이제는
선자립 후학문의 시대
| 특성화 고등학교 |

사회를 이끌어 가는 것은 천재 한 사람이 아니다

학력에 따른 소득격차와 직업에 대한 사회적 차별의식이 우리나라 청년 실업 문제를 악화시키고 있다. 사실 교육자로서 학교에서 아이들을 보면 똑똑한 제자나 부족한 제자나 모두 소중하다. 교사는 특별히 어떤 제자만 잘 되기를 바라지 않는다. 모든 학생이 장차 국가와 사회의 구성원으로서 각자가 제 역할을 잘 감당해야만 한다는 것을 알고 있기 때문이다.

그러나 우리 사회에는 아직도 학력이 높고 똑똑한 몇 사람만이 나라를 이끌어 간다고 생각하는 사람이 많다. 여기서 말하는 '똑똑한'

지금과 같은 상황이 지속되면
무조건적인 대학진학에 대한 회의와 자성이
―――――――――――― 팽배해질 것이다.

은 IQ로 대변되는 지적능력에 한정된다. 사회구성원 모두가 고학력이고 똑똑할 필요가 있을까? 각자의 영역에서 자기 역량을 발휘할 수 있는 다양한 인재가 필요하다. 그럼에도 불구하고 우리 교육은 한 가지 잣대로만 학생들을 길러내고 평가하려고 하는 건 아닌지 심히 우려가 된다.

대학을 꼭 가야 하는가

아직까지 대한민국은 대학을 꼭 가야만 하는 사회다. 2008년 대학 진학률은 무려 83.8퍼센트였으며 이후에도 그 기조가 유지되었다. 그러나 2010년대를 지나오면서 대학 그 이후의 문제가 해결되지 않는 시대가 도래했다. 대학 졸업이 취업을 보장하지 않는 사회가 된 것이다. 대학생 취업률이 50퍼센트에 못 미치자 2013년부터는 대학 진학률이 70퍼센트로 떨어지기 시작했다. 그리고 향후 5년

이내에 대학 진학률은 60퍼센트까지 떨어질 것이라는 전망이 뒤따르고 있다. 지금과 같은 상황이 지속되면 무조건적인 대학진학에 대한 회의와 자성이 팽배해질 것이다. 정말 학문과 연구를 좋아하는 학생들을 제외하고는 보통 선취업 후진학, 즉 선자립 후학문의 길을 걷게 될 것이라는 분석도 많다.

선진국의 경우 대학 진학률이 대개 50퍼센트 내외다. 모두에게 높은 학력이 필요 없으며, 사회는 결국 구성원들의 다양한 능력에 의해 발전된다는 전제하에 대학뿐 아니라 대학이 아닌 길을 선택할 수 있는 교육정책을 이어가고 있는 것이다. 이러한 가치관은 특성화 고등학교의 활성화로 나타난다. 사실 선진국들은 특성화 고등학교를 활성화하는 것이 목적이 아니라 사회에 필요한 다양한 인재, 인력을 양성하기 위한 전문 인력을 길러낼 수 있는 교육시스템에 집중하고 있다.

⦙ 각자의 꿈에 맞는 맞춤형 교육

2015년 OECD 조사에서 전공 · 일자리 미스매치 비율이 가장 낮은 나라로 핀란드(22.8퍼센트)와 독일(26.4퍼센트)을 꼽았다. 이 나라들은 어릴 때 진로를 선택할 수 있고, 직업교육시스템이 잘 갖춰져 있다는 공통점이 있다.

핀란드의 경우 대학 교육 이수율이 40퍼센트를 차지한다. 또한 고등학교 교육이 실업계와 인문계로 이원화되어 있어 고등학교 때부터 진로를 확실히 나누어 가르친다. 인문계는 우리나라처럼 대학 진학을 목표로 하는 학생들이 진학하고, 취업을 원하는 학생은 실업계로 간다. 실업계 고교에서는 3년간 취업에 대비한 직업·기술을 교육한다. 졸업 전 학생들은 현장 실습 평가를 치러 공인 기술자격증을 취득하며, 졸업 후 곧장 취직하기도 하고, 원하는 경우 심화된 직업 교육을 받는 기능대학으로 진학할 수 있다.

'마이스터 제도'로 이름난 독일은 대학 교육을 받을 학생과 직업 교육을 받을 학생을 나누는 시점이 초등학교 4학년 때부터로, 핀란드보다 빠르다. 독일 학생들의 대학 교육 이수율은 28퍼센트로 매우 낮은 편이다. 60퍼센트가 인문계 대신 직업학교에서 기술을 배우고, 졸업 후에는 해당 분야의 산업 현장에서 최소 3년간 도제식 훈련과 수업을 병행한다. 마지막 평가 시험에 합격하면 마이스터 자격증을 받으며, 기업들은 이렇게 교육받은 기술자들을 채용하고 있다. 전공과 일자리 매치가 잘될 수밖에 없는 구조다.

독일의 마이스터 제도는 장인정신이라는 역사적 전통과 도제 훈련이라는 직업 교육적 권한이 융합된 자격제도이다. 지금 세대의 노하우를 다음 세대가 공유하고 계승, 발전시키는 시스템을 제도화한 것이다. 독일이 자타가 공인하는 산업 분야, 수공업 분야, 농업 분야 강국이 된 이유는 한 분야에서 평생 일군 비법을 다음 세대에 아낌없이 전수하는 마이스터가 있기 때문이다.

한편 스위스는 기술인과 기능인에 대한 높은 대우, 그리고 직업교육에 대한 기업들의 활발한 참여로 학교와 기업을 오가는 현장 중심의 도제식 직업교육이 활성화되어 있다. 이런 스위스의 교육제도는 낮은 청년실업률, 높은 제조업 경쟁력의 기반으로 평가되고 있다.

스위스에서 가장 유명한 도제식 직업학교는 베른 상공업 직업학교다. 이 학교는 7,000명의 교육생을 600명의 교원이 담당하며, 주중 이틀은 이론 수업을 하고, 사흘은 기업에서 실습을 한다. 현재 5만 8,000여 개의 기업이 8만여 개의 실습 코스를 제공하고 있다.

스위스는 중학교 졸업생의 70퍼센트가 곧바로 직업학교에 진학한다. 보통 3~4년의 직업학교 재학 기간 중 학생들은 학교와 기업을 오가며 직업교육 과정을 이수한다. 핀란드와 마찬가지로 직업교육 과정을 이수했다고 모든 학생이 바로 취업을 선택하는 것은 아니다. 다수는 직업교육을 받은 기업에 취업하지만 일부는 교육기관에 진학해 공부를 이어가기도 한다. 이러한 과정을 통해 다양한 분야의 인재들이 필요한 기업이나 사회 곳곳에 정착해 자신의 역할을 감당하며 사회 발전을 이루고 있다.

전남 특성화 고등학교의 높은 취업률 비결

다양한 인재 양성이 곧 사회를 건강하게 만드는 길임을 알기에 전

전남 특성화 고등학교의 교육효과는
높은 취업률로 이어졌다. 이제는 70퍼센트를 육박하며
전국에서 가장 높은 취업률을 보이고 있다.

남도교육청은 일찍이 전남의 특성화 고등학교 발전에 집중했다. 선진국들의 앞선 직업교육시스템을 우리나라 현실에 맞게 반영하기 위해서는 가장 먼저 제도의 변화가 필요했다. 그동안 우리나라는 특성화 고등학교에서도 취업에 필요한 실기 전문 교과가 아닌 일반 교과 공부를 많이 해왔다. 그래서 전남도교육청은 정부에 건의해 전문 교과 시수를 늘리는 한편, 학생들이 방과 후에 기업에서 실습 위주의 교육을 받고 취업으로까지 연결될 수 있는 MC교육시스템을 개발해 학교와 기업이 서로 발전을 이루는 교육환경을 만들었다. 앞에서도 언급한 바 있는데 MC란 Mutual Creative의 약자로 MC교육은 기업맞춤교육을 말한다. 현장감 있는 실습을 통해 학생들은 자신의 적성을 살피며 실력을 쌓을 수 있고, 기업은 MC교육을 받은 학생들에 대하여 별도의 사전 교육을 생략하고 현장에 바로 투입시킬 수 있어 호응이 매우 좋다.

전남 특성화 고등학교의 교육효과는 높은 취업률로 이어졌다. 2010년에는 전남지역 특성화 고등학교 취업률이 20퍼센트에도 못 미쳤는데, 이제는 70퍼센트를 육박하며 전국에서 가장 높은 취업률을 보이고 있다. 물론 취업의 질도 좋아져 공무원, 공공기관, 대기업, 은행권 등 놀랄 정도로 좋은 성과를 냈다. 이렇다 보니 특성화 고등학교 입학 경쟁률이 4대 1까지 높아졌다.

전남의 대표적인 특성화 고등학교는 말산업고등학교, 바둑고등학교, 부사관학교, 조리과학고등학교, 수산고등학교 등이다. 특히, 바둑고등학교는 전국에서 유일한 바둑 특성화 고등학교다. 바둑은 동양 전통 게임으로 지난 광저우아시안게임에서 우리나라 선수들이 전 종목 금메달을 석권함으로써 세계적으로 국가의 자긍심을 높이고 있는 유망한 종목이기도 하다. 바둑은 동양의 정신과 힘을 세계에 전할 수 있는 소중한 문화이기 때문에 우리가 더욱 발전시켜야 한다는 생각으로 특성화 고등학교를 만들었다. 수업은 프로 선생님들이 맡고, 학생 개별지도 및 한국기원과 연계된 프로그램을 운영하고 있는데 최근에는 이세돌 선수가 널리 알려지면서 중국이나 유럽에서까지 입학 문의가 오고 있다.

또 하나 전남을 대표하는 특성화 고등학교로 완도수산고등학교를 꼽을 수 있다. 완도는 앞으로 중국인의 친환경 먹거리에 대한 수요를 책임질 가능성이 크다. 이때를 대비하여 완도수산고등학교가 미래 먹거리를 창출할 만한 인재들을 키워내는 데 중요한 역할을 할 수 있도록 학교를 설립하게 되었다.

전국 유일의 수산계 특성화 고등학교인 완도수산고등학교에서는 맞춤형 시뮬레이션 수업을 진행한다. 시뮬레이션 수업의 경우 바다

특성화 고등학교 설립의 방향성은
'미래에 어떤 분야가 살아남을 것인가'에
따라 달라진다.

위에서 실제로 배를 운항하는 것과 흡사한 느낌을 주기 때문에 학생들의 만족도 또한 아주 높다. 현장감 있는 수업으로 실력을 쌓으니 졸업 후 이어지는 취업도 걱정 없다. 때로는 실습선을 타고 진짜 바다로 나가기도 한다. 실습기간 동안에 배운 지식은 취업 후 실무에서 그대로 적용할 수 있기 때문에 수업에 대한 집중도가 매우 높을 수밖에 없다. 특히, 현장감 있는 실습과 더불어 수산업 관련 교육도 이뤄지고 있는데, 전복 양식 교육도 그 중 하나다. 실습을 통해 전복의 산란부터 방류와 수확까지 학생들이 양식의 전 과정을 직접 주도하고 있기 때문에 수업에 대한 학생들의 애정이 각별하다. 실습할 때마다 전복 크기도 달라진 것을 느끼니 자신이 직접 키운다는 생각으로 더욱 집중해서 공부하게 되는 것이다. 세계의 먹거리를 책임질 전남의 인재들이 이렇게 커가고 있다.

전남의 특성화 고등학교는 앞으로 더욱 다양해질 것이다. 특성화 고등학교 설립의 방향성은 '미래에 어떤 분야가 살아남을 것인가'에 따라 달라진다. 앞으로 20년 이내에 현재 직업 중 절반이 없어질 수도 있다는 예측이 나온 가운데, 어떤 분야가 우리 아이들에게 꿈과 희망을 줄 수 있을지 깊이 고민하지 않을 수 없다.

특성화 고등학교가 미래사회를 발전시킨다

2015년부터 준비 중인 사이버 보안 특성화 고등학교의 설립 역시 이러한 고민에서 출발했다. 사이버 보안은 현재는 물론 앞으로도 국가에서 크게 관심을 가져야 할 분야로, 중요한 자산인 소프트웨어를 지켜내기 위한 세계의 움직임은 점점 더 커질 것이라 예상된다.

이외에도 미래예측에 기반한 특성화 고등학교를 몇 개 더 추가 설립할 계획이지만, 앞으로는 그 종류와 양을 늘리기보다는 기존에 있는 특성화 고등학교의 내실을 다지는 데에 더욱 주력할 계획이다.

특성화 고등학교의 육성은 미래사회의 발전과 깊은 관련이 있다. 따라서 정권에 상관없이 특성화 고등학교의 인재육성 정책은 계속해서 지원되어야 할 것이다. 교육시스템을 아무리 바꿔도 사회 현실이나 인식이 바뀌지 않는 한 아무 소용이 없을 것이라고 말하는 사람들도 있다. 그러나 분명한 것은 인식 변화는 혁명이나 국가의 정책만으로 이뤄지는 것이 아니라는 점이다. 우리 주변의 작은 경험들이 모이고 사소해 보이는 변화들이 쌓여 비로소 세상을 바꿔나가는 힘을 만드는 것이다.

다양한 전문 인력을 양성하는 교육기관을 만드는 일, 아이들이 어쩔 수 없이 선택하는 학교가 아니라 정말로 가고 싶은 학교를 만드는 일, 그래서 좋아하는 분야를 더 잘할 수 있게 도와주는 일은 더이상 미뤄서는 안 될 이 시대의 가장 중요한 과제 중 하나이다.

학생들에게
한복을 입히는 이유

∶ 전통문화의 가치를 교육하다

  종종 외국에 가보면 별거 없어 보이는 곳에 스토리를 입혀 그럴싸
한 관광지로 조성해 놓은 곳이 많다. 우리나라는 어떠한가? 조금만
눈길을 돌려도 가치 높은 전통문화유산들이 사방에 널려 있는데 그
가치를 알기는커녕 오히려 소홀하게 여기는 사람들이 많다. 전통문
화에 대한 관심과 자부심이 그만큼 낮은 것이다.
  그래서인지 서울에서는 한국다운 것을 찾기가 힘들다. 가장 한국
적인 곳을 고궁으로밖에 설명할 수 없을 때가 많다. 외국인들이 한
국에 오면 가장 한국다운 것을 보고 싶어 하는데 영어간판으로 가득

나는 외국인들에게 가장 한국적인 것을
보여주라고 한다면 단연 한복을 꼽겠다.

찬 서울의 중심지 명동은 뉴욕의 어느 거리와 흡사할 뿐이다. 왜 이렇게 된 것일까?

우리나라에서는 '전통'이라고 하면 고루한 것으로 받아들이는 경향이 있다. 전통 안에 현대적인 요소들이 숨어 있는데도 말이다. 창조란 아예 없는 것을 만드는 것이 아니라 기존의 전통 중 필요에 의해 변화된 것임을 인식하지 못하는 것 같다.

우리나라 전통의상인 한복의 경우도 그렇다. 정작 우리나라 사람들은 한복을 그저 '옛것'이라고 여기는 경우가 많다. 한복이 가진 가치와 아름다움보다는 현대 분위기와 맞지 않는 과거의 복장이라고 취급한다. 아이러니하게도 평생 양복만 입고 산 외국인들이 한복의 아름다움과 가치를 더 높게 평가하는 것을 보면 대단한 문화유산을 가졌음에도 그것의 소중함을 느끼지 못하는 지금의 현실이 안타까울 뿐이다.

나는 외국인들에게 가장 한국적인 것을 보여주라고 한다면 단연 한복을 꼽겠다. 지금 우리나라 사람들이 양복이 아닌 한복을 입었다

한복이 주는 교육의 효과는 바로 불편함에서부터 나온다.
스스로 절제할 줄 아는 것,
이것이 인성교육의 출발이라고 생각한다. _____

면 문화적인 측면에서 훨씬 더 뛰어난 발전이 있었을 거라 확신한
다. 이러한 이유로 전남도교육청은 전통문화의 가치를 알려주는 교
육, 우리나라 국민으로서의 정체성을 찾아주는 교육을 실천하기 위
해 2014년부터 일부 초등학교의 교복을 생활한복으로 정했다.

한복, 불편함이 주는 가르침

전통문화의 우수성, 우리나라 국민으로서의 정체성, 그리고 역사
의식을 가르치는 일은 교과서 교육만으로는 불가능하다. 가장 좋은
것은 몸으로 직접 체험하여 깨닫게 하는 것이다. 그래서 아이들이 직
접 한복을 입고 스스로 경험하여 배워나갈 수 있는 기회를 제공했다.

일본의 기모노, 중국의 치파오에 비해 한복에는 꾸밈없이 깨끗한
정서가 담겨 있다. 또한 한복은 기모노, 치파오에 비해 편하고 우아
하다. 그럼에도 우리나라 사람들이 한복을 잘 입지 않은 이유는 행

동하기 불편해서라고 한다. 이는 불편한 것에서부터 조신한 마음가짐이 나온다는 것을 간과하고 있음을 보여준다.

한복이 주는 교육의 효과는 바로 불편함에서부터 나온다. 한복을 입은 아이들은 평소보다 조금 불편하기 때문에 오히려 행동을 조심하게 되고, 마음가짐도 다잡게 된다. 한복 자체가 절제된 행동과 감성적인 정서함양의 출발점이 되는 것이다. 스스로 절제할 줄 아는 것, 이것이 인성교육의 출발이라고 생각한다.

또한 직접 한복을 입어 봐야 우리 조상들이 왜 한복과 같은 의복을 만들었는지 생각해 볼 수 있고, 옷 한 벌에 얼마나 많은 삶의 지혜가 녹아 있는지 체감할 수 있다. 사실 문화에 대한 자부심은 글로 가르쳐서 되는 것이 아니지 않은가. 아울러 전남도교육청은 한복을 통해 수없이 많은 전통문화 직업교육을 동반하고 있다. 색감, 천, 디자인 등 전통직업의 가치를 알려주고 아이들이 더 넓은 시각으로 진로를 탐색하고 결정할 수 있도록 돕고 있다.

● 한복을 교복으로 입는 학교

현재 전남에서 한복을 교복으로 입고 있는 학교는 순천 황전초등학교와 장성 분향초등학교, 영암 구림초등학교, 영광 염산초등학교이다. 2014년 시작해 올해로 3년째 진행되고 있으며 초등학교 3~4

학년을 대상으로 하고 있다.

가장 먼저 한복을 교복으로 입은 학교는 순천 황전초등학교다. 이곳은 전교생이 50명 정도인 작은 학교인데 이곳에 가면 아이들이 한복을 입고 점잖게 앉아 다도를 배우거나 전통놀이를 즐기는 모습을 쉽게 볼 수 있다. 불편하고 거추장스럽다는 인식과 달리 뛰어 노는 아이들의 모습에는 불편함이 보이지 않는다. 실제로 한복은 촉감이 부드러워서 입고 벗을 때 모두 편안하다고 말하는 아이들이 많다. 교사들에 의하면, 한복을 입고 난 후 아이들의 대화하는 태도가 많이 달라졌다고 한다. 크게 말하거나 함부로 얘기하지 않고, 쓰는 언어도 많이 정화되었다는 것이다.

영광 염산초등학교 전교생들은 매주 2~3번 한복을 입고 등교한다. 한복을 입은 날에는 특별수업이 이어지는데 아이들에게 가장 인기가 많은 시간은 투호와 같은 전통놀이 시간이다. 감색 바지와 황토색 저고리의 한복차림으로 전통놀이를 배우는 아이들의 모습에서 "예쁘고 편해 보인다"는 학부모들의 평이 가장 많다. 이 학교의 경우, 애초에 한복을 입는 대상은 3~4학년이었는데 학부모들에 의해 전교생에게 한복을 입히자는 운동이 일어났다. 이에 교사들은 옷값을 마련하기 위해 각종 공모사업에 참가하여 상금을 받았고, 영광군에서도 특별예산을 지원받아 전교생들이 여름한복, 겨울한복을 한 벌씩 받게 된 것이다.

영광 염산초등학교 교사들은 아이들이 한복을 입으면서 휴대전화를 멀리하게 된 점을 가장 큰 변화로 꼽았다. 수업을 통해 배운 제기차기, 윷놀이, 사방치기, 고무줄놀이, 말타기 등 전통놀이를 즐기느라 휴대전화 사용시간이 크게 줄었다는 것이다. 더욱이 어린 아이들이 스스로 교복을 빨고 다림질을 할 정도로 한복을 입은 후 생활태도가 긍정적으로 변했다고 말한다.

⦂ 우리 문화를 알아야 지키고 사랑할 수 있다

요즘 젊은이들 사이에서는 간소화된 생활한복을 입거나 한복을 입고 해외여행을 떠나는 것이 유행처럼 번지고 있다. SNS의 발달로 특별한 사진을 찍어 공유하는 일이 일상이 된 가운데 '한복'이라는 키워드가 부쩍 인기 있는 패션 아이템이 된 것이다. 비록 사진 찍기를 위한 유행일지라도 한복이 대중문화 속으로 들어가고 있는 것은 좋은 현상이라고 생각한다. 다만 이것이 반짝했다가 사라지는 문화나 한순간의 유흥이 아니기를 바랄 뿐이다.

신채호 선생은 "역사를 잊은 민족에게는 미래가 없다"라고 말했다. 인류의 기록을 살펴보면 역사는 수천년 동안 계속 반복되어 왔다는 것을 알 수 있다. 그래서 우리는 과거로부터 새로운 것을 배워서 미래를 대비해야 한다. 지혜는 지난 역사를 기억하는 데에서부터 나온다는 것을 알아야 한다.

몸으로 배우는 역사는 오래 기억에 남는 법이다.
직접 체험해야 전통을 선하고 사랑스런 눈으로
바라볼 수 있다.

몸으로 배우는 역사는 오래 기억에 남는 법이다. 직접 체험해야 전통을 선하고 사랑스런 눈으로 바라볼 수 있다. 아이들에게 한복을 입히는 이유도 이 때문이다. 우리 문화를 알아야 사랑할 수 있고, 사랑해야 지킬 수 있지 않겠는가.

과거의 역사를 고스란히 담고 있는 우리나라 전통문화유산을 국민으로서 마땅히 알고, 사랑하며, 지켜내야 할 대상임을 가르치는 일은 학교에서부터 시작되어야 한다. 이를 통해 우리 아이들이 민족에 대한 역사, 나아가 인류에 대한 역사를 이해함으로써 더욱 크고 깊은 사람으로 성장하기를 바란다.

교육 안에서
우리 모두는 평등하다
| 다문화가정 자녀교육 |

⦙ 다문화가정 자녀가 겪는 교육적 불평등

우리나라 다문화가정 비율은 점점 높아지고 있다. 전체 결혼의 10
퍼센트, 농어촌 지역의 경우 30퍼센트가 국제결혼을 하고 있으며,
이로 인해 농어촌의 경우 다문화가정 비율이 전체 30퍼센트를 웃돈
다. 전남에도 2016년 현재 8,300명 정도의 다문화가정 자녀가 살고
있다.

다문화가정 비율이 갈수록 높아짐에 따라 다문화가정 자녀들의
교육문제도 수면 위로 떠오르고 있다. 가장 큰 문제는 다문화가정
자녀의 학습과 진학률이 또래에 비해 여전히 낮은 수준에 머물러 있

다문화가정 자녀들의 고등교육기관 취학률이 낮은
가장 큰 이유는 학교 부적응에 있다. 가장 큰 문제는
언어능력 부족으로 인한 학업부진이다. ───────

다는 것이다. 2015년 여성가족부가 발표한 '전국 다문화가족 실태
조사'를 보면 다문화가정 자녀들의 학습활동과 고등교육기관 취학
률이 전체 국민에 비해 크게 낮은 것으로 나타났다. 고교 취학률은
89.9퍼센트로 전체 국민의 93.5퍼센트에 비해 약간 낮았지만, 대학
이상의 고등교육기관 취학률은 53.3퍼센트로 전체 국민의 68.1퍼
센트에 비해 크게 낮았다. 한국 사회에 안정적으로 정착하는 다문화
가정의 비율은 높아지고 있으나 자녀교육에 있어서는 여전히 벽이
높다는 것을 알 수 있다. 특히 진학의 불평등이 훗날 다문화가정 자
녀를 자칫 '낙오자'로 전락시킬 수 있는 가능성을 생각할 때 이러한
차이는 심각한 문제가 아닐 수 없다. 우리 사회의 이러한 불평등 요
소를 해결하지 않고서는 다문화가정이 진정한 우리 공동체의 일원
으로 들어오기가 쉽지 않을 것이다.

　다문화가정 자녀들의 고등교육기관 취학률이 낮은 가장 큰 이유
는 학교 부적응에 있다. 가장 큰 문제는 언어능력 부족으로 인한 학
업부진이다. 다문화가정 자녀의 경우, 대부분 말을 배우는 시기인
유아기에 한국어가 서툰 외국인 어머니에게 교육을 받기 때문에 언

어발달이 늦어지고 의사소통능력이 현저히 떨어진다. 언어능력이 떨어지면 국어뿐만 아니라 사회, 역사와 같은 과목에도 큰 어려움을 느낄 수밖에 없다. 이 과목들은 한국어와 한국사회 및 문화에 대한 이해가 부족할 경우 학습이 어렵기 때문이다. 어린 시기에 듣고 말하는 구어적 의사소통 능력은 비교적 단기간에 가능하지만, 이들이 우리나라 학교에서 요구하는 수준의 읽기와 이해력, 쓰기 능력을 따라가는 것은 쉽지가 않다. 따라서 다문화가정 자녀의 학습부진은 계속 누적되는 양상을 보인다.

또 다른 문제로 정체성 혼란을 들 수 있다. 다문화가정 자녀는 한국 문화에 적응할 기회를 갖지 못한 어머니의 정체성과 한국사회의 문화적 정체성이 다름에서 오는 문화 충돌 속에서 불안과 갈등을 겪곤 한다. 또한 성장기에 어머니 나라의 문화와 한국의 문화가 혼재된 가정교육과 학교 교육을 동시에 경험하면서 정체성 혼란을 겪는 경우가 많다.

이러한 이유로 집단 따돌림을 받는 경우가 생기는데 여기서 받는 정서적 충격은 매우 크고 심각하다. 한 설문조사에서는 90퍼센트 이상의 다문화가정 자녀들이 '친구들과 어울리지 못해서' 또는 '학교 공부에 흥미가 없어서' 학교에 잘 적응하지 못하고 있다고 답했다. 이는 다문화가정 자녀를 위한 효율적인 제도 마련과 다문화가정 자녀를 인식하는 국민들의 의식 전환이 시급하다는 것을 알려주고 있다.

평등한 교실이 평등한 사회를 만든다

　다인종 국가인 미국이 오늘날과 같은 세계 일류 국가가 될 수 있었던 데에는 평등하고 개방적인 교육정책이 크게 기여했다. 실제로 1950년대만 해도 미국의 대학에서 흑인학생의 비율은 5퍼센트 정도밖에 미치지 못했다. 하지만 1961년 케네디 대통령이 시행한 소수 인종 우대정책으로 흑인 학생들은 새로운 희망을 갖게 되었는데 대학입학시험인 SAT에서 총점의 14퍼센트를 추가로 얻는 특혜를 받게 된 것이다. 물론 백인 학생들 입장에서 역차별의 논란도 있었지만, 이후 흑인 대학생 비율이 1970년 7.8퍼센트, 2010년대에는 15퍼센트를 넘어서며 미국은 진정한 다문화 사회를 이룰 수 있었다.

　우리나라만큼이나 단일민족 신화가 굳건한 일본도 다문화가정의 차세대를 대비하기 위해 분주하게 움직이고 있다. 일본의 경우 다문화가정 자녀교육에 중앙정부가 적극 지원하고 지자체나 시민단체가 주도하는 것이 특징이다. 이들은 주로 언어교육을 집중 지원해 사회적응 출구를 찾게 한다. 일례로 다문화가정 자녀가 학교에 입학할 경우 학교 측은 관할 교육원을 통해 다문화가족 학부모와 심층 상담을 먼저 진행한다.

　교사는 학부모와의 심층 상담을 통해 해당 다문화 자녀의 수준에 적합한 일본어 수업을 제공한다. 이렇게 첫 3개월은 관할 교육원 내에서 언어 집중교육이 기본적으로 이뤄지며 이후 다문화 자녀가 원한다면 학교 내 교실에 언어지원 봉사자를 파견하기도 한다. 맞춤형 통역이 지원되는 것이다. 보통은 일대일 전담 통역가가 하루 종일 다문화 자녀 옆에 붙어 수업 내용을 보조하는 식이다. 또한 다문화가정 자녀의 경우 입학 전에 1주일간 학교생활을 예행연습 해볼 수 있는 프로그램도 운영하고 있다. 미리 일본 초등학교를 다녀보게 하여 실제로 입학했을 때 심리적 거리감을 줄이기 위해서다. 이 시간을 통해 다문화가정 자녀들은 종이 우유팩을 따는 일, 젓가락으로 급식을 먹는 일, 일본식 화장실을 이용해 보는 일 등 일본 문화를 경험하게 된다.

여러 선진국들이 국가적인 차원에서 다문화가정 자녀들의 교육문제에 집중하는 이유는 기본적으로 이들에게 적절한 교육기회를 제공하여 미래사회의 구성원으로 잘 길러내기 위해서이다. 한편 현실적으로 간과할 수 없는 당면 이유로는 이들이 사회에 부적응할 경우 일어날 수 있는 부작용이 크다는 것을 알기 때문이다. 장성한 다문화가정 자녀들이 사회의 불평등에 맞서 적극적으로 불만을 표출할 경우 그것을 해결하는 데에 필요한 사회적 비용은 가늠할 수 없다. 그래서 이들이 정서적으로, 사회적으로 건강한 구성원이 될 수 있도록 적절한 교육이 이루어져야 하는 것이다.

누구에게나 평등하게 그리고 손쉽게

전남도교육청은 다문화가정 자녀와 같은 사회적 약자에 대한 교육정책에 무게를 싣고 적극적인 지원활동을 펼치고 있다. 언어능력이 떨어지는 다문화가정 자녀들을 위해 한국 학생들과 자연스럽게 소통하고 교류할 수 있는 특별한 프로그램을 운영 중이다. 대표적으로 매년 8개의 지역을 묶어 오케스트라, 뮤지컬, 국악단, 합창단 활동을 펼치고 있는데, 구성원을 보면 일반 학생이 3분의 1이고 다문화가정 학생이 3분의 2를 차지한다. 또한 '외국인과 함께하는 문화교실' 등을 통해 우리 학생들이 다른 여러 나라의 문화와 역사를 존중하고 공존하는 방법을 찾을 수 있도록 돕는다. 이는 아이들에게 세계의 다양한 문화를 편견 없이 수용할 수 있는 자세와 세계시민의식을 길러주는 과정으로 다양한 문화체험활동을 통해 서로 다른 문화를 상호존중하고, 우리 문화를 중립적으로 바라보는 시각을 길러준다.

다문화가정 자녀들을 대상으로 한 2015년 행복선상무지개학교도 대표적인 프로그램이다. 정체성 혼란을 겪을 수 있는 아이들에게 올바른 정체성을 불어넣어주고 자존감을 높일 수 있도록 체험활동을 기반으로 하는 선상무지개학교를 운영했다. 'I am good'이라는 주제로 자기 자신의 소중함을 일깨우기 위한 집단상담 프로그램을 진행했으며, 제주도를 방문해 감귤 따기, 승마, 올레길 걷기, 오름 산

> 다양한 인종의 사람들이 공존하는 모습을 보면서
> 이들이 '이방인'이라는 정체성에서 벗어나
> ────────── 자신감을 갖고 꿈을 키워가길 바란다.

행 등 학생들이 평소 접하기 어려웠던 문화체험 시간을 가졌다.

올해 2016년에는 이들이 더 넓은 세상을 경험할 수 있도록 미국 체험연수를 계획하고 있다. 글로벌 리더 육성을 목적으로 다문화가 정 학생 20명을 선정해 7월 25일부터 8월 12일까지 3주간 재미동 포 임낙균 님의 후원으로 미국 체험연수를 한다. 학생들은 미국 문 화 및 역사 체험, 게티센터, 디즈니랜드, 유니버설 스튜디오 등 남 부 캘리포니아의 명소를 방문하며, 헬렌데일에 있는 리버뷰중학교 의 서머스쿨에서 영어교육도 받을 예정이다. 미국 체험연수의 목적 은 다문화가정 자녀들이 다인종 나라인 미국에서 직접 다문화의 융 합과 역할의 중요성을 실감하며 정체성을 확립하는 데 있다. 미국의 언어·문화·역사 등을 통해 다양한 인종의 사람들이 공존하는 모 습을 보면서 이들이 '이방인'이라는 정체성에서 벗어나 자신감을 갖 고 꿈을 키워가길 바란다.

전남의 한 농어촌 학교는 학생 중 80퍼센트가 다문화가정 자녀 인 경우도 있는데 한국 학생들이나 교사, 주민들 사이에서 다문화가 정 자녀에 대한 무의식적인 차별이나 선입견이 눈에 띄게 사라지고 있다. 환경이 변함에 따라 다문화가정에 대한 우리의 인식도 조금씩 나아지고 있는 것이다. 문제는 국가적인 차원의 정책이 뒷받침되어야 하는데도 미흡하다는 것이다. 앞서 언급했듯이 이들이 겪고 있는 가장 큰 어려움은 언어 문제다. 언어는 단순히 의사소통의 장애로 끝나지 않고 사회의 수많은 부작용들을 유발할 수밖에 없다. 이에 대한 대책으로 무엇보다 먼저 다문화가정 어머니들의 한국어 교육이 체계적으로 이루어져야 한다. 일정 수준의 한국어를 배우고 익힐 수 있는 기회가 누구에게나 평등하게, 그리고 손쉽게 주어져야 한다. 이를 위해 정부는 물론 해당 지자체들은 다문화가정을 위한 교육지원 사업을 다각도로 모색해야 할 것이다. 이들을 위한 교육프로그램을 개발하고, 자녀와 부모를 함께 가르칠 전문기관을 설립하는 등 다문화가정 아이들이 올바르게 성장할 수 있도록 학습 지원과 진학 혜택 등 범정부 차원의 획기적인 대책이 필요한 때이다.

5   교육을 살리는 힘

입시가 바뀌어야
교육이 산다
| 입학사정관제 강화 |

● 수능 성적이 아닌 잠재력을 평가하라

올해부터 전국적으로 시행된 중학교 자유학기제를 지켜본 학부모들의 반응은 뜨겁다. 학부모 80퍼센트 이상이 자유학기제를 찬성하고 지속해야 한다는 의견을 내놓기도 했다. 아이들의 학교생활이 몰라보게 달라졌고, 창의성이나 대인관계가 좋아졌다는 평가가 이어진다. 무엇보다 시험 부담에서 벗어나 자신의 꿈과 끼를 찾고 창의성, 인성, 자기주도 학습능력 등 사회에서 필요한 핵심 역량을 높여가고 있는 것이 가장 큰 수확일 것이다.

하지만 일각에서는 아이들이 자유학기제를 마치고 원상복귀 했을 때, 오히려 그 부작용이 크지 않을까 하는 우려도 크다. 결국 대학입시로 판가름 나는 우리나라의 교육시스템이 변하지 않은 이상 자유학기제는 시간낭비가 될 수밖에 없다는 것이다.

사실, 주입식 교육과 입시 중심의 교육으로부터 오는 문제로 인해 우리나라 입시제도는 계속해서 변해왔다. 대표적인 변화 중 하나가 바로 2007년 이후 등장한 입학사정관제(현 학생부종합전형)이다. 2007년부터 5년 동안 시범사업으로 운영했는데, 2007년 10개 대학에서 2008년 40개 대학으로 확대 시행되는 등 초반에는 대학으로부터 큰 관심을 끌었다.

입학사정관제의 주목적은 내신이나 수능 성적으로는 드러나지 않는 수험생들의 다양한 잠재 능력을 평가하는 데 있다. 미래사회에는 창의력, 문제해결능력, 리더십, 봉사성과 같이 다양한 능력을 갖춘 인재가 필요할 것이라는 전망이 우세해지면서 대학에서 학생들을 선발할 때에도 더욱 다양한 전형 요소를 봐야 한다는 목소리가 높아졌다. 그동안 점수 하나만 놓고 기계적으로 학생을 선발했던 단순 평가를 없애고 다양한 영역에 걸친 아이들의 재능을 존중해야 다양한 인재들이 사회구성원으로서 당당히 성장할 수 있다는 의견이 커진 것이다.

포항공대의 경우 2010년 입학 정원 모두를 입학사정관 전형으로 선발하기도 했다. 당시 이 학교는 "대한민국에 노벨상을 안겨줄 과학자, 인류의 미래를 바꿀 공학자들은 획일화되고 서열화된 방식으로는 가려내기 힘들기 때문에 입학 정원 모두를 입학사정관제를 통해 선발하겠다"고 밝힌 바 있다.

해외의 입학사정관제도

우리나라에서는 수능 점수에만 의존했던 기존의 대학 입학 기준이 초등학교에서부터 중·고등학교의 교육까지 잘못된 방향으로 이끌어가고 있는 것을 실감하며, 아이들의 다양한 재능을 키워줄 수 있는 대학 입시의 해결책으로 입학사정관제를 선택했다. 그 후 입학사정관제가 사회 안에서 빠르게 정착되었지만 평가의 객관성, 입학사정관 수의 부족 등 아쉬운 부분은 여전히 논의되고 있다. 물론 우리나라가 겪고 있는 시행착오가 앞서 입학사정관제를 시행한 선진국들이 겪었던 과정과 비슷할 수 있지만, 지금 이 시점에서 올바른 방향을 찾지 못한다면 입학사정관제 자체가 아이들의 재능을 꺾는 또 하나의 문젯거리가 될 수 있음을 기억해야 한다.

입학사정관제는 1922년, 미국의 다트무스Dartmouth대학에서 세계 최초로 시작되어 약 100년간 시행해온 제도이다. 따라서 미국의 입학사정관제는 그 어느 나라의 것보다 잘 다듬어져 있어 주목할 만하다.

하버드대학의 입학사정관들은
가만히 앉아 있어도 온갖 인재들이 몰려오겠지만,
조금이라도 더 잠재력이 있는 인재를 발굴하기 위해
막대한 시간과 노력을 투자하고 있다.

먼저 하버드와 같은 명문 대학들은 학교당 수십 명의 입학사정관들을 보유하고 있다. 이들은 정식 교직원이기 때문에 안정적이고 심도 있게 자신의 역할을 다한다. 입학사정관 중 정규직이 3퍼센트도 되지 않는 우리나라의 현실과는 크게 다르다.

하버드대학의 입학사정관들은 1년 내내 미국 전역뿐 아니라 전 세계를 돌아다니며 우수한 인재를 유치하기 위해 학교 홍보전을 벌인다. 가만히 앉아 있어도 온갖 인재들이 몰려오겠지만, 조금이라도 더 잠재력이 있는 인재를 발굴하기 위해 막대한 시간과 노력을 투자하고 있다.

이들은 11월부터 1월까지 3개월 동안 하버드대학에 지원한 학생들을 일일이 인터뷰한다. 이 과정에서 입학사정관의 주관적인 판단은 절대적이다. 학교에서 이들의 선별 기준을 크게 신뢰하기 때문이다. 예를 들면 미국의 대학수학능력시험인 SAT에서 만점을 받아도 하버드대학에 불합격하는 경우가 많다. SAT 만점자 중 절반 정도가 하버드대학에 불합격한 해도 있었다. 수능 만점자가 서울대학교에

떨어진다면 우리나라에서는 큰 논란이 일겠지만 미국의 경우는 다르다. 입학사정관이 "내가 그 학생을 뽑아야 하는 이유를 발견하지 못했다"라고 말한다면 그것이 절대적인 기준으로 받아들여진다. 불합격한 당사자에게도 반발하기 이전에 자신이 왜 떨어졌는지에 대해 곰곰이 생각하게 만드는 힘이 그들에게 있는 것이다.

사실, 한 입학사정관이 하루에 10여 명씩 세 달 동안 500여 명을 인터뷰해 우수한 학생을 골라낸다는 것이 보통 어려운 일이 아니다. 그것도 학생 대부분이 1퍼센트 안에 드는 수재들이라면 더욱 그렇다. 그래서 이들이 학생들을 판단하는 나름의 기준이 있다는데, 하나는 학업 능력이고 다른 하나는 열정이다. 그런데 학업 능력의 경우 이미 SAT점수와 고등학교 성적으로 증명이 된 경우가 많기 때문에 이들이 주로 보는 것은 열정 측면이라고 할 수 있다.

입학사정관들이 학생의 열정을 알아보려 할 때 첫 번째로 눈여겨보는 것은 '이 학생이 우리 학교에 얼마나 오고 싶어 하는가'이다. 그저 대학의 높은 명성이 좋아서 지원한 경우, 별 계획 없이 원서를 넣은 거라면 입학사정관들은 바로 알아차리고 불합격자 명단에 이름을 기재한다. 다음으로 중요하게 보는 것은 교과 외 활동이다. 미국 대학들은 교과 외 활동 내역만 입학 원서에 적게 하고 증빙 서류를 첨부하지 말라고 하는 경우가 많다. 입학사정관이 학생과 인터뷰할 때 그 주제를 놓고 대화를 하다 보면 학생이 그 활동을 어떻게 했는지 알아낼 수 있기 때문이다.

에세이 평가도 마찬가지다. 대학 입학의 최종 전형에서 중요한 부분을 차지하는 것이 바로 에세이 테스트인데, 이들은 에세이를 글쓰기 기술을 보는 것이 아니라 학생이 어떤 생각을 갖고 살아가는지를 관찰하기 위한 도구로 여긴다. 우리나라에서처럼 전문가의 도움을 받아 에세이를 정교하게 쓰면 오히려 좋은 점수를 받을 수 없다. 학생의 생각으로 쓴 글이 아니라 정해진 틀에 의해서 작성되었다는 것을 입학사정관들이 쉽게 눈치 채기 때문이다. 그만큼 미국의 입학사정관들은 노련하고 영리한 전문가라고 볼 수 있다.

한편 아무리 성적이 우수하고 교과 외 활동 내용이 좋더라도 학생의 심성이 바르지 않으면 합격하기 어렵다. 그래서 에세이 주제 중에는 '당신이 이 학교에 들어와서 어떻게 학교 공동체에 기여할 수 있는지를 쓰라'는 류의 내용이 많다. 또한 입학사정관과 인터뷰 중 학생이 거짓말을 하는 것 같다고 느끼면 그 학생은 불합격이다. 정직을 가르치는 것은 교육의 기본이라 여기기 때문이다.

반면 우리나라에서는 입학사정관제를 논하며 공통적으로 언급하는 것이 몇 개 있다. 각종 대회 수상 기록, 교과 외 활동, 봉사활동이 '얼마나 많은가'이다. 이런 기록들이 모두 계량화될 수 있는 것으로 착각하는 것 같다. 대회 우승 몇 개, 봉사활동 몇 시간, 오케스트라 활동 몇 년 등을 중요하게 여긴다. 그런데 선진국들의 입학사정관제는 이런 것을 계량화하지 않는다는 특징이 있다. 이 모든 자료들을 단지 학생의 열정을 판단하는 보조 자료로 본다. 미국의 경우 10가지의 봉사활동을 조금씩 한 것보다 한 가지를 주도적으로 열심히 한 것에 더 높은 점수를 준다. 또한 집안 형편이 어려워서 5년 넘게 패스트푸드점에서 아르바이트를 한 학생이 성적이 다소 낮았지만 하버드대학에 합격한 일도 있다. 한 번도 쉬지 않고 5년 넘게 아르바이트를 하고 공부도 열심히 한 이 학생의 끈기와 열정을 높게 산 것이다.

미국 vs 한국 입학사정관제

입학사정관제가 우리나라에 도입된 지 9년이 지났지만 아직도 아쉬운 부분들의 논의가 이어지고 있다. 그중 입학사정관 평가의 공정성 확보와 입학사정관 인력 부족이 가장 크게 대두된다. 사실 입학사정관 인력 부족이 평가의 공정성 확보를 어렵게 만드는 주원인이 되기도 한다. 입학사정관 인력이 턱없이 부족하다 보니 지방 대학의 경우 사정관 1명이 500명을 웃도는 학생을 심사하는 경우가 많다. 각 대학마다 15명 이내의 입학사정관을 채용해 진행하고 있지만, 그 인력으로는 아이들의 다양한 재능을 심도 있게 분석하는 데 어려움이 많다. 입학사정관제의 성공적인 정착을 위해 무엇보다 평가의 공정성이 확보되어야 하는데, 이를 위해서는 입학사정관 인력 확보와 이들의 전문성을 키워내는 일이 우선시되어야 할 것이다.

각 대학마다 15명 이내의 입학사정관을 채용해
진행하고 있지만, 그 인력으로는 아이들의 다양한 재능을
심도 있게 분석하는 데 어려움이 많다. _____

미국은 대학마다 수십 명의 입학사정관을 보유하고 이들이 자신의 업무에만 집중할 수 있도록 돕는다. 또한 평가의 객관성 확보를 위해 지원자가 당락을 결정한 사람이 누구인지 알 수 있도록 불합격 통지서에 입학사정관의 이름은 물론 연락처까지 모두 표기하도록 하고 있다. 그만큼 평가의 공정성과 투명성을 증명해 보이는 것이다. 우리나라와 또 다른 점은 입학사정관의 업무 영역이다. 이들은 평소 학생, 학부모를 직접 만나 선발 과정을 설명하는 데 시간을 많이 할애하는 등 입학 정책 홍보와 대중과의 의사소통을 주요 업무의 한 영역으로 여긴다. 이러한 과정을 통해 객관적이고 공정한 평가가 가능해지며, 우수한 인재 양성이라는 공공의 목표도 달성된다고 볼 수 있다.

올바르게 정착되려면 시간이 필요하다

우리는 미국이 100년이라는 시간에 걸쳐 입학사정관제를 견고하

게 다져왔다는 사실에 주목해야 한다. 정부가 바뀔 때마다 '임기 내에 교육정책을 바꾸겠다'는 의욕으로 새로운 입시제도를 만들었다가 없애기를 반복하는 우리나라의 경우는 특히 100년이라는 긴 시간에 집중할 필요가 있다.

하나의 교육제도가 그 나라에 맞게끔 정착되기 위해서는 그만큼의 노력과 시간이 필요하다. 도입과정에서 오는 문제들을 하나씩 해결하며, 그 제도가 나라 안에 바르게 정착할 수 있도록 사회구성원 모두가 오랜 시간 씨름할 필요가 있다.

우리나라는 지금까지 수없이 반복해온 만들고 없애는 식의 교육정책에서 이제는 벗어나야 할 때이다. 눈앞에 보이는 문제해결에 급급하여 근시안적으로 또 다른 정책을 마련하기보다는 매년 올바른 방향으로 견고하게 다져지는 입학사정관제를 통해 더 많은 학생들의 재능과 끼가 건전한 사회 속에서 제 빛을 발할 수 있기를 소망한다.

틀에 박힌 교육제도,
변화가 시급하다

● 현 교육제도의 문제점과 개선책

　교육제도는 1~2년 뒤가 아닌 100년 뒤를 내다보며 신중하게 준비해 나가야 한다. 교육에는 한 사람의 미래뿐 아니라 한 나라의 미래가 달려 있기 때문이다. 그러나 우리가 아무리 100년 뒤를 대비한다고 해도 당면한 현재의 문제를 해결하지 않으면 그 정책은 공허해질 수밖에 없다. 현재 우리나라 교육의 가장 큰 장애 중 하나는 교육법상 이수해야 하는 수업시수가 정해져 있다는 것이다. 학교에서 국어, 영어, 수학을 열심히 공부할 수밖에 없는 이유도 결국 교육법상 정해진 많은 수업시간을 채워야만 졸업이 가능하기 때문이다. 결국이 같은 법적인 제도가 바뀌지 않은 이상 무지개학교와 같은 혁신적인 학교는 전남에서 시범적으로 운영할 수 있지만 전국적으로 확대되기가 어렵다.

또 다른 문제는 관행으로부터 벗어나지 않고 법적으로 정해진 수업시수만을 지키는 데 집중하는 학교에 있다. 물론, 법적인 수업시수는 지킬 수밖에 없다. 하지만 정규수업의 방향성에 있어 독서·토론 수업 등을 가미하는 것은 학교에서 충분히 적용할 수 있는 부분이다. 전남 무지개학교의 경우 교육과정 운영에 20퍼센트 자율권을 부여했다. 이에 교사들은 정규수업의 10퍼센트 정도를 독서·토론 수업으로 활용할 수 있으며, 방과 후 수업을 통해 학생들의 인성과 창의성 함양에 도움이 되는 다양한 체험활동을 스스로 계획, 실행해나가고 있다. 교육에 자율권을 부여함으로써 전남의 무지개학교들은 그동안 제도 안에 갇혀 시도하지 못했던 프로그램들을 학교마다 창의적으로 실행하고 있는 중이다. 여기에 교육청의 행정적·재정적인 지원 역시 함께 이뤄지고 있어 무엇보다 현장 교사들의 반응이 뜨겁다. 특히, 교육내용 선정에 대한 자율권 부여는 교사들이 더욱 주인의식을 갖고 자신의 역할에 충실하게 하는 촉매제가 되고 있다. 학부모들 역시 획일적이고 일방적인 교육방식에서 벗어나 아이들이 재미있어 하는 교육으로 변화되는 학교의 모습을 보고 무지개학교에 대한 만족도가 매우 높은 편이다.

한편 초·중학교의 많은 수업시수와 함께 우리나라 교육발전의

초등학교 1학년 국어 교과서는 대부분의 아이들이
한글을 미리 배우고 들어왔다는 것을
전제로 만들었으나 선행학습을 한 아이라 해도
따라가기가 힘든 부분이 많다. ───────

또 다른 장애물로 꼽히는 것은 높은 교과서 난이도다. 일례로 현행 초등학교 1학년 국어 교과서는 대부분의 아이들이 한글을 미리 배우고 들어왔다는 것을 전제로 만들었으나 선행학습을 한 아이라 해도 따라가기가 힘든 부분이 많다. 또한 초등학교 1학년 국어 시간에 해야 할 학습량이 지나치게 많고, 한글교육에 할당된 수업시수는 전체 181차시 중 27차시 정도에 불과해 체계적인 한글지도가 불가능하다는 평가도 있다.

이렇게 교과내용이 어려우니 아이들은 정규수업 때 배운 내용을 온전히 자기 것으로 소화할 시간이 필요한데, 과목별로 채워야 하는 수업시수가 아직 남아 있으므로 학교에서는 계속 가르치는 과정만 반복하게 된다. 이럴 경우 학생들에게는 배우는 '학學'만 있고 익히는 '습習'의 과정이 없으니, 그것이 온전한 공부가 될 수 없다. 종일 수업으로만 이어지는 하루 일과는 배우는 아이들에게도, 가르치는 교사들에게도 전혀 득 될 게 없다는 이야기다.

높은 난이도는 가르쳐야 할 분량을 계속해서 늘어나게 만든다. 가르쳐야 할 분량이 많기 때문에 학교에서는 정규수업이 끝나고 방과후 수업에서도 계속해서 가르치기를 반복한다. 교과서 내용이 정규수업만으로는 도저히 따라가기 어렵다면, 교과서의 난이도를 낮추는 것이 옳은 일이지 수업시수를 계속해서 늘리는 것이 과연 옳은 일일까? 이는 또 다른 부작용을 가져올 뿐이다. 학생뿐 아니라 교사역시 수업시수가 늘어나면 필연적으로 수업에 대한 집중력과 긴장감이 떨어질 수밖에 없다. 실제로 늘어난 수업시수로 인해 정규 수업의 질이 오히려 떨어지고 있다는 지적이 학교 내에서 나오는 것도 이 때문이다. 이처럼 교과 난이도를 조정하고 수업시수를 줄이지 않는 이상 초 · 중학교의 교육은 정상화되기 힘들다. 제도적으로 이러한 부분들이 먼저 바뀌지 않는다면 학교에 그 어떤 혁신적인 프로그램을 도입한다고 해도 제한적이고 일시적일 수밖에 없다.

어떻게 해결할 수 있을까?

우리나라 교육이 자율적이고 정치적인 중립성을 가지기 위해서는 근본적으로 교육정책의 최고 책임자라고 할 수 있는 교육부장관의 임기 보장이 필요하다. 이는 한 나라의 교육정책의 책무성을 높이고 일관성을 유지하기 위한 가장 기본적인 사항이다. 우리나라의 경우 교육부장관의 평균 재임기간이 1~2년으로, 2년을 하면 장수했다는 말을 듣는다. 그만큼 교육부장관의 재임기간이 짧다는 뜻이다. 교육 정책은 일관성 있게 가야 하는데 잦은 교육부장관의 교체로 정책의 방향성이 1~2년 주기로 계속해서 바뀌다 보니 모두가 혼란스러워지기 일쑤다. 미국의 금융정책이 신뢰받는 이유는 버냉키와 같이 한 인물에게 20년 가까이 금융정책을 진두지휘할 수 있는 책임을 맡겼기 때문이다. 금융정책과 마찬가지로 교육정책 역시 코앞의 변화가 아닌 100년의 시간을 내다보며 긴 호흡으로 가야 한다. 교육부장관의 임기가 짧게는 10년에서 길게는 20년까지 유지되어야 하는 이유도 이 때문이다. 이러한 과정을 통해 교육정책이 일관성 있게 발전할 수 있다.

사실 우리나라는 천연자원이 거의 없다. 기댈 것은 인적자원밖에 없다 해도 과언이 아니다. 나라의 희망인 인적자원을 정책적으로 개발해야 할 중요한 책임은 바로 교육부장관에게 달렸다. 그만큼 막대한 책임을 가진 자리인 것이다. 교육부장관이 대통령 임기와 상관없이 임무를 수행할 수 있도록, 연임 역시 가능하도록 법적인 장치가 마련되어야 하는 이유도 이 때문이다. 교육부장관의 임기 보장은 우리나라 교육문제를 해결하는 데 중요한 시발점이 될 것이다.

아울러 학교장의 선출 방법 역시 다시 고민해 볼 필요가 있다. 현재 우리나라에서 교육감은 직선제로 선출하지만 학교장은 그렇지 않다. 교사로 오래 근무하고 일정한 기준을 통과한 사람을 각 학교의 교장으로 발령 내고 있다.

> 학교에 미치는 학교장의 역할과 영향력은 크다.
> 그래서 교장은 그 지역의 특성과 학부모들의 요구사항을
> 누구보다 잘 알고 있는 사람이어야 한다.

교육활동은 학교 단위로 이루어진다. 교육감은 교육의 최전방인 학교에서의 활동을 지원하는 중간자 역할을 한다. 학교장은 교육현장의 중심에 있다. 그래서 학교장의 생각이 바뀌면 교사는 물론 학생들 전부가 바뀔 수밖에 없다. 내가 교육감이 되고 느낀 것은 교육현장이 바뀌려면 가장 먼저 학교장이 변해야 한다는 것이다. 그만큼 학교에 미치는 학교장의 역할과 영향력은 크다. 그래서 교장은 그 지역의 특성과 학부모들의 요구사항을 누구보다 잘 알고 있는 사람이어야 한다. 예를 들어 그 지역의 문화나 역사 등의 특성을 반영할 수 있는 교육정책을 결정할 수 있어야 하고, 또한 지역의 특성에 따라 집중해야 할 교육내용을 선정할 수 있어야 한다.

전남의 경우 도시, 농촌, 어촌, 도서벽지가 모두 섞여 있다. 그래서 도시에서는 도시 나름대로의 교육활동을 펼치고, 농어촌과 도서벽지는 그 지역의 특성과 환경에 맞는 교육활동을 실행할 수 있도록 돕고 있다. 각각의 학교에서 학교장의 주도 아래 독립적인 교육활동이 이루어지는 것이 가장 바람직하다고 보기 때문이다.

학교장 선출 방식이 직선제가 되어야 하는 이유가 여기에 있다. 학

교에 대한 애착이나 발전계획이 준비되지 않은 상황에서 발령에 의해 부임한 학교장은 처음에는 의욕적으로 발전적 경영을 시도할 것이나, 준비되어 있지 않은 부분이 크기 때문에 지역사회와 학부모의 욕구를 제대로 파악하지 못한 데서 오는 어려움을 피하기는 쉽지 않을 것이다. 물론 시간이 흐름에 따라 해결되는 부분도 있겠지만, 그 시간 동안 학교는 발전할 수 있는 기회를 잃게 됨을 기억해야 한다.

아울러 학교장을 선택하는 권한은 학부모를 포함한 지역주민들에게 주는 것이 바람직하다. 지역사회의 일원으로서 누구보다 그 지역의 교육상황과 필요성을 실감하는 존재이기 때문이다. 이로써 지역은 교육경쟁력을 키울 수 있으며, 교육에 대한 만족도 역시 높아질 것이다.

우리나라의 교육은 꾸준히 발전의 길을 걷고 있으나 여전히 제자리걸음을 하고 있는 부분도 많다. 앞서 언급한 제도들의 변화가 한 순간 일어나긴 어렵겠지만 모두가 더 나은 방향으로 나아가고자 관심을 놓지 않는다면 머지않아 우리나라도 교육선진국으로서 여러 나라에 소개되지 않을까 기대해 본다. 이를 위해 교사와 학생뿐 아니라 학부모와 지역사회 구성원 모두의 날카로운 관심이 계속해서 이어지기를 바란다.

함께하는 교육,
전남의 교육공동체

🔘 학교의 위기

'한 아이를 키우는 데 온 마을이 필요하다'는 아프리카 속담은 지금 우리나라의 교육현실에 매우 적합한 표현이다. 과거의 학교는 교과학습을 책임지는 곳이었다. 인성교육을 비롯한 전인교육 영역은 온전히 가족과 지역사회의 몫으로 여겨졌기 때문이다. 그러다 가족공동체 및 지역공동체가 서서히 사라지면서 우리 아이들은 가족과 지역사회로부터 받아야 하는 교육을 받지 못한 채 학교 교육만을 받게 되었다. 교육에 대한 학부모의 관심은 물론 지역공동체의 다양한 자원과 관계망이 아이들의 성장을 돕는 일이 사라졌고, 자연스럽게 교실 붕괴 현상이 나타나기 시작했다.

저자 엄기호는 《교사도 학교가 두렵다》에서 '학교의 위기는 단순히 수업 붕괴나 학교 폭력이 빈번하게 발생한다는 사실보다는 학교 현장에서 그러한 문제를 스스로 해결할 수 있는 구조를 갖추지 못했기 때문'이라고 지적했다. 그렇다면 학교의 위기를 스스로 해결하기 위한 구조는 어떻게 갖춰야 하는 것일까?

● 더불어 살아야 성공한다

가장 필요한 것은 '소통'이다. 지금 우리 아이들에게 필요한 것은 혼자 성공하는 방법이 아니라 세상 속에서 더불어 살아가며 얻게 되는 삶의 지혜이다. 우리가 교육을 통해 가르쳐야 하는 것은 살다보면 혼자 빛을 내는 것 같지만, 때로는 누군가로 인해 내가 더 빛나기도 하고, 내가 누군가의 빛이 되기도 한다는 사실이다. 이렇게 가르친 가치는 곧 우리가 실현해야 하는 교육공동체의 모습이기도 하다.

교육은 교사와 학생, 학생과 학생 간 상호작용을 통해서 이루어지는 교감의 산물이다. 나아가 교육은 교사와 교사, 교사와 학생, 교사와 학부모, 그리고 학교와 지역사회 사이의 끊임없는 소통을 통해 발전해나가야 하는 분야다. 특히 학교와 학부모, 즉 교육구성원 간의 소통은 교육에 대한 서로의 의욕을 높이는 촉매제가 된다.

사실 아직까지도 우리나라의 교육정책은 중앙집권 체제로 운영되는 경우가 많기 때문에 학부모가 자신의 자녀가 다니는 학교 운영에 의미 있는 영향력을 미치기 힘들다. 이로 인해 교육에 대한 관심을 자연스럽게 거두는 학부모들이 많으며 이는 지역사회의 무관심으로도 이어진다. 이러한 문제를 해결하기 위해서는 가장 먼저 학교에서 발생하는 모든 문제들에 대해 교육구성원들이 서로 머리를 맞대고 논의할 수 있는 '소통의 장'이 확보되어야 한다.

전남도교육청은 이를 위해 2010년부터 민관 협의체(거버넌스) 형태의 교육감 자문기구로 '교육미래위원회'를 운영하며 전남 교육의 발전 방안과 주요 교육 시책 수립, 그리고 그 밖의 교육발전에 관한 중요한 사항의 심의, 자문을 받고 있다. 각 지역마다 교육미래위원회를 두고 전남 교육의 비전이나 방향성, 주요 시책과 역점 사업 등에 대해 격의 없이 대화할 수 있는 장을 마련한 것이다. 또한 학교폭력과 같은 예기치 못한 문제가 발생할 때마다 교육미래위원회의 구성원들은 공동으로 책임의식을 갖고 문제해결에 필요한 의견을 나눈다. 교육미래위원회는 자발적인 신청으로 참여할 수 있으며 주로 학부모, 지역주민, 공무원 등이 활동하고 있다.

이밖에도 학부모의 교육 참여를 확대하고 있다. 일례로 학부모가 재능기부 형태로 미술이나 음악 또는 실기과목의 수업 등에 보조 교사의 역할로 참여하고 있으며, 이 경우 교사 혼자서 진행한 수업보다 효과가 훨씬 좋은 것으로 나타나고 있다. 학부모와 지역공동체가 교육에 적극적인 관심을 갖고 함께 참여할 때 비로소 교육이 완전해 짐을 느낄 수 있는 대목이다.

● 지역사회와 소통하는 교육

이밖에도 함께하는 교육공동체의 실현 방안으로 마을학교를 운영하고, 지역아동센터와 같은 여러 단체들과 협력해 방과 후 학생들의 안전을 지키는 활동을 이어가는 등 지역사회가 교육의 구심점이 될 수 있도록 계속해서 유도해나가고 있다. 전남을 대표하는 독서동아리 활동 역시 대표적인 교육공동체의 모습이라고 할 수 있다. 교사와 학생, 학부모가 책을 통해 서로의 생각을 나누고 소통하며 함께하는 교육을 실천해나가고 있는 것이다.

사실 임기 초부터 교육공동체 구성원들과의 소통과 협력을 위한 시스템을 구축하기 위해 많은 고민을 해왔다. 그중 하나가 교육미래위원회를 통해 실현되었고, 이밖에도 전남의 모든 시군을 방문해 학생, 학부모, 교직원과 원활한 대화의 창구를 만드는 데 주력하였다. 도교육청 홈페이지에 신문고를 설치한 것 역시 같은 취지에서다. 학부모, 지역주민들이 멀게만 느껴졌던 교육감과 직접 대화할 수 있는 장을 마련해 교육은 학교에서만 이루어지는 것이라는 편견을 깨며 교육구성원들의 적극적인 참여를 확보해나가고 있다. 홈페이지 신

학부모, 지역주민들이 멀게만 느껴졌던
교육감과 직접 대화할 수 있는 장을 마련해
교육은 학교에서만 이루어지는 것이라는
편견을 깨며 교육구성원들의 적극적인 참여를
확보해나가고 있다.

문고는 비리와 부조리를 해결하는 시스템으로 활용되기도 한다.

교육에 있어 소통을 가장 강조하는 이유는 끊임없는 피드백이 있어야 올바른 방향으로 나아갈 수 있기 때문이다. 교육청에서 진행한 교육프로그램들이 학교에서 정말 잘 시행되고 있는지, 부작용은 없는지를 다양한 경로로 듣고 확인해야만 앞으로 더 나은 교육정책들을 만들 수 있지 않겠는가. 이를 위해 나는 학교 현장에 있는 교사부터 교장, 행정직 직원, 지역주민 그리고 학부모들의 의견을 모두 듣기 위해 계속해서 움직이고 있다. 앞서 언급한 교육미래위원회를 비롯해 학부모단체, 전남교육기자단, 교사 모임, 교장 모임 등에 꼬박꼬박 참석하면서 끊임없이 묻고 경청하는 이유도 이 때문이다. 어느 모임 하나도 형식적으로 참여하는 곳은 없다. 모두가 전남의 교육발전을 위해 꼭 들어야만 하는 목소리이며, 그 목소리들을 통해 수많은 교육정책을 계속해서 다듬어 가고 있다.

이제 우리 교육은 '지역과 함께하는 정책'을 요구한다. 공교육은

공교육은 학교라는 공간에서만 이뤄지는 것이 아니다.
생활의 터전 모두가 교육과 학습의 장인 것이다.
교사와 지역사회의 다양한 교육적 역량을 결합해
새로운 교육공동체를 만들어가야 한다. _____

학교라는 공간에서만 이뤄지는 것이 아니다. 생활의 터전 모두가 교육과 학습의 장인 것이다. 교사와 지역사회의 다양한 교육적 역량을 결합해 새로운 교육공동체를 만들어가야 한다. 더 이상 몇몇 선구자들의 헌신과 희생에 의존하여 문제를 해결하는 방식이 아니라 모두가 교육 안에서 하나 되어 한 호흡을 만들어내야 할 때이다.

　지역과 학교의 활발한 소통, 그리고 공교육의 부족한 부분을 교육공동체가 보완하는 등 공동 발전을 위한 노력이 그 무엇보다 필요하다. 이 일은 교사, 학생, 학부모뿐만 아니라 향토사학자, 지역 문화예술인, 자연 생태 교육을 담당하는 농부 등 모두의 힘과 지혜를 모아서 해결해나가야 할 공동의 과제임을 기억해야 할 것이다. 이제 교육은 학교라는 울타리에서 한 발 더 나아가 지역사회와 더욱 긴밀하게 소통하는 열린 교육으로 나아가야 한다.

무너진 교권이 바로 서야 희망이 있다

교권이 살아야 교육이 산다

50년 전만 해도 '가난한 나라'였던 우리나라가 지금은 선진국과 어깨를 나란히 할 만큼 잘 살게 된 배경에는 교육이 있었고, 그 교육의 중심에는 교사에 대한 존경심이 있었다. 그런데 얼마 전 교사 위상지수와 관련된 뉴스를 보고 문제의 심각성을 절감했다. 2015년 글로벌 교육기관 바르키 GEMS 재단이 발표한 〈교사위상지수〉 보고서에 따르면 우리나라 교사에 대한 학생들의 존경심이 11퍼센트로 OECD 회원국 중 최하위권이었다. 중국은 75퍼센트로 압도적인 1위를 차지했으며 터키와 싱가포르가 그 뒤를 이었다. 기사를 보고

교사가 존경받을 때 교육이 살며, 그렇게 살아나는
교육의 수혜자는 그 누구도 아닌 학생과 학부모임을
기억해야 한다. _____

놀라기도 했지만, 한편으로는 교육감으로 재직하면서 학교 현장에
서 느꼈던 분위기와 별반 다르지 않다고 생각했다.

우리나라의 경우 2011년 3월 초중등교육법 시행령 개정으로 체
벌이 전면 금지되면서 교권에 대한 사회적 관심이 커진데다, 수업지
도와 생활지도 과정에서 교사에게 대들거나 불응하는 사례가 늘면
서 최근까지도 교권 침해 신고가 계속 증가하고 있다.

한때 우리나라에서 원어민교사를 하고 본국인 미국으로 돌아가
뉴욕의 빈민가 학교를 최우수학교로 만든 세스 앤드류 교장은 한국
교육의 우수성을 '교사에 대한 학생들의 존경심'이라고 표현했다.
이는 과거 우리나라의 교육현장이 지금과는 많이 다른 모습이었다
는 것을 말해준다. 한편 비약적으로 발전해가는 중국의 교사 위상지
수와 존경지수가 세계 1위인 것만 보더라도 교권이 곧 교육의 힘이
요 나라의 발전과 연결됨을 느낄 수 있다.

결국 교육을 다시 살리기 위해서는 교사에 대한 존경심을 살려야
한다. 교사가 없으면 교육은 이루어질 수 없다. 교사가 교육의 핵심
에 있기 때문에 이들의 교육권과 자율권, 즉 교권을 보호하지 않고

는 교육이 바로 설 수 없다고 말하는 것이다. 교사가 존경받을 때 교육이 살며, 그렇게 살아나는 교육의 수혜자는 그 누구도 아닌 학생과 학부모임을 기억해야 한다.

교권을 보호하는 전남

전남도교육청은 교사의 권익과 교육에 전념할 수 있는 제도 마련을 위해 교권보호 상설기구를 만들고 전담 변호사를 배치하고 있다. 또한 교권보호 관련 매뉴얼을 제작·보급하고, 다양한 힐링프로그램도 운영하고 있다. 특히 교권보호 기구는 어려움을 겪고 있는 교사들에게 실질적인 도움을 줄 수 있는 시스템을 확충해가며 계속해서 발전시킬 계획이다.

교사의 권익 보호 다음으로 주목하는 것은 이들이 교육에 온전히 전념할 수 있도록 만드는 것이다. 전남은 교사들이 가진 열정이 헛되이 낭비되지 않도록 새로운 개념의 인사시스템을 만들었다. 전남 지역 교사들은 도서벽지가 많은 특수한 교육환경 때문에 도서벽지에서 근무를 해야만 승진할 수 있었다. 예를 들면 일반계 고등학교에서 근무하면서 진학지도의 노하우를 축적한 교사는 그것을 다시 진학교육에 활용해야 효과적인데, 승진 때문에 도서벽지 중학교로 가야 하는 상황이 잦았던 것이다. 그렇게 되면 그동안 쌓았던 교사

교사의 경우 교감자격 취득을 위한 평가의 일부를
외부전문기관에 위탁하여 점수가 나오게 했고,
교육청에 근무하는 일반직원의 경우에도
외부전문가나 외부인사들로 위원회를 꾸려
객관적인 평가를 받게 했다. _____

의 노력과 열정, 진학노하우 등이 사장되는 경우가 종종 있었다. 특성화 고등학교의 경우도 마찬가지다. 실습이나 기능에 우수한 역량을 갖춘 교사가 도서벽지 중학교로 이동함으로써 그 역량을 발휘하지 못하는 경우가 많았다. 그래서 교사들이 도서벽지를 가지 않더라도 학생 교육에 열정을 다한다면 승진할 수 있게끔 인사제도를 개편했다.

학교장의 인사제도와 승진제도도 개선하였다. 학교장의 인사이동시 근무평가 점수뿐 아니라 여러 가지 역량을 종합적으로 평가해 정량화한 자료에 근거해서 인사이동을 하도록 제도를 바꿨다. 또한 교사의 경우 교감자격 취득을 위한 평가의 일부를 외부전문기관에 위탁하여 점수가 나오게 했고, 교육청에 근무하는 일반직원의 경우에도 외부전문가나 외부인사들로 위원회를 꾸려 객관적인 평가를 받게 했다. 이는 외부적인 요건에 의해 불공정한 인사가 이뤄질 가능성을 사전에 차단하고, 객관적인 방법으로 공정한 인사가 이뤄졌다는 것을 교직원들에게 납득하게 함으로써 인사에 대한 신뢰도를 높였다. 이처럼 전남도교육청에서는 노력한 만큼 결과가 나오는 정직한 인사시스템으로 교원들의 자발성을 끌어내고 자존감을 극대화시키기고 있다.

한편, 전남도교육청은 교사들의 열정과 실력을 높이기 위한 투자를 끊임없이 이어가고 있다. 교육감이 된 이후 가장 먼저 들었던 생각은 '교육력 제고를 위해서는 무엇보다 교사들이 최선을 다할 수 있는 환경을 만들어줘야 한다'였다. 그래서 가장 먼저 시도한 것이 수업우수교사 선정 사업이었다.

사실 우리나라에서 수업우수교사라는 제도는 아직 생소하지만, 선진국에서는 수업우수교사를 대단히 칭송하고 명예롭게 생각한다. 마치 노벨상을 받은 사람처럼 대우해주는 것은 그동안의 노력에 대한 감사의 뜻도 있겠지만 앞으로도 학생들의 교육에 열정을 다해달라는 모두의 염원도 담겨져 있는 것이다. 지금 산재해 있는 교육현장의 여러 문제들을 개선하고 해결하려면 그 누구도 아닌 교사들의 노력이 있어야 가능하다고 본다. 그만큼 교사의 역할이 큰 것이다. 이러한 취지에서 전남도교육청은 우수교사를 선발하고 인증서를 수여하여 이들이 교사로서의 역할을 명예롭게 여길 수 있도록 독려하고 있다. 특히 수업우수교사를 배출한 학교의 경우 인증을 새겨보존하도록 하여 현장의 귀감으로서 다른 교사와 학교에 자극이 될 수 있도록 유도한다.

이밖에도 교사들의 자질을 높이고 역량을 강화할 수 있는 양질의 기회를 주고자 매년 근무 평가가 좋고 자기발전을 위해 노력하는 교원을 일정 인원 선발하여 외국 학위취득 과정을 위한 연수를 보낸다. 이들이 학습자의 입장에서 선진국의 교육문화를 접하며 지금까지의 생각의 틀을 깬다면 비로소 변화를 꾀할 수 있는 한 사람이 될 것이라고 생각하기 때문이다. 물론 국외연수의 효과가 단기간에 나타나지는 않겠지만, 우리의 지속적인 투자와 노력이 계속 이어진다면 이들을 통해 우리나라 교육의 방향성이 바뀌고 학교 현장이 긍정적으로 변화하는 기쁨을 누릴 수 있을 것이다.

무너져가는 우리나라의 교육을 되살리기 위해 가장 필요한 노력은 교사들의 열정을 이끌어내는 데 있다고 본다. 교사는 직장인이기 이전에 한 사람의 인생을 바꿀 만큼 중요한 역할을 감당하는 사람이라는 것을 교사 스스로가 인식할 때, 그리고 이들이 가진 순수한 열정이 제도적으로 뒷받침될 때, 무너진 교권은 다시 살아나고 학교는 비로소 행복한 교육의 장으로 변할 것이다.

미래사회에는
감성 리더가 필요하다

● 감성이 지배하는 미래

　바야흐로 감성 시대다. 최근 들어 감성이 사회 여러 분야의 화두로 자주 등장하고 있다. 디자인뿐 아니라 경제에서도 감성에 대한 연구가 활발해 감성공학이라는 말까지 나왔다. 사람들이 상품을 선택할 때 이성보다는 감각적인 측면을 따르는 경우가 많으며, 조직의 리더를 말할 때 업무 효율이 높은 사람보다는 공감능력과 소통능력 등 감성지능이 높은 사람을 훌륭한 리더라 평가하는 추세다. 이처럼 현대사회는 이성에서 감성으로 진입하는 시대라고 볼 수 있으며, 이러한 흐름으로 미루어 볼 때 미래사회는 지금보다 더 높은 감성지능을 필요로 할 것이다.

감성지능은 자신의 감정 상태를 인식하고 감정을 조절하는 능력뿐 아니라 타인의 감정을 인식하고 상대방과 인간관계를 맺으며 관리하는 능력을 말한다. 즉 다른 사람의 감정을 읽고 그것에 맞춰 대화하고 타협할 줄 아는 사람에게 우리는 높은 감성지능을 지녔다고 말할 수 있다. 어떤 과학자는 인간이 성공하는 이유의 80퍼센트 이상은 지능과 무관한 사회적 출신 배경, 행운, 그리고 자신이 소유한 감성과 타인의 감성에 효율적으로 대처하는 능력이라고 말했다. 또한 아인슈타인은 '지능에는 강한 근육이 있지만 인격은 없다. 그것은 우리를 인도할 수 없다'라는 말을 남겼다. 이는 조직원들이 믿고 따르는 리더가 되려면 필수적으로 그들의 마음까지 헤아리는 감성을 갖춰야 함을 뜻하는 것이리라.

감성지능의 중요성은 학교에서의 1등이 사회에서의 1등으로 이어지는 것이 아니라는 데서도 증명된다. 그동안 우리나라는 지능지수만을 중시하고 계발하는 교육을 이어왔다. 아는 것이 많아야 성공한다는 개념이 우리 안에 뿌리박혀 있었던 것이다. 그러나 지능지수를 강조하는 교육방법과 지적능력 측정위주의 대학입시에 여러 부작용이 나타나자 이에 대한 반성과 대안으로 감성교육의 중요성이 부각되고 있다. 아는 것만 많은 사람으로 키우다 보니 도덕적으로나 문화적으로 건강하지 못한 어른들이 늘어났고, 이로 인한 사회문제가 커지다 보니 정서를 함양하고 감성지수를 높이는 교육의 중요성이 대두된 것이다.

교육은 향후 20년, 30년, 40년 앞을 내다보며 미래사회에서 아이들이 살아가는 데 꼭 필요한 부분을 가르치는 것이 핵심이다. 수많은 미래학자들이 입을 모아 말하는 것처럼 미래사회는 감성과 창의성을 기준으로 사람의 능력을 평가하는 시대가 될 것이다. 앞으로의 시대를 감성의 시대, 창의와 인성의 시대라고 말하는 이유도 이 때문이다.

결국 우리가 주목해야 할 교육 역시 머리가 아닌 가슴을 채워줄 감성 중심의 교육이라는 결론이 나온다. 감성교육을 통해 아이들은 저마다의 소질과 능력을 키우며, 자신들의 감정을 조절하고 상대를 배려할 줄 아는 인성을 키워나가야 한다. 또한 함께 문제를 해결할 줄 아는 감성리더로서의 능력을 갖춰나가야 할 것이다.

● 감성은 잊히지 않는다

어린 시절 열심히 외우고 썼던 수학 공식이나 영어 단어를 기억하기는 힘들지만, 찰흙을 만졌을 때의 따뜻한 느낌, 시를 읽었을 때의 깊은 울림은 오랜 시간이 지나도 우리의 가슴에 남아있다. 이처럼 예술적인 활동을 통해 우리가 받은 영감이나 느낌은 우리 삶 순간순간에 나타나 영향을 끼친다. 예술이 감성과 직결되어 있기 때문일 것이다. 그래서 어떤 이는 예술을 접하는 것이 감성지능을 높이는 가장 좋은 방법이라고 말한다. 예술을 통해 자기를 표현하고, 다양한 예술 작품의 감상과 미적 경험을 통해 정서교육도 효율적으로 이뤄질 수 있기 때문이다.

프랑스인들은 자유로운 예술 감각을 지닌 것으로 유명하다. 사실 이들의 예술 감각 뒤에는 미술을 매개로 한 감성교육이 뒷받침되어 있다. 프랑스 아이들은 한국 나이로 네 살이 되면 유아학교에 가는데 이곳에서의 주요 활동은 관찰하기, 느끼기, 상상하기, 만들기 등 미술활동이 주를 이룬다. 특히 자신의 감정에 대해 배우는 시간이 있는데 이 시간을 통해 아이들은 종이 위에 점토로 다양한 표정을 만들어 보거나 여러 가지 촉감의 재료를 상자에 넣어두고 마음대로 꺼내는 등 감정을 자유롭게 표현한다. 이처럼 어려서부터 예술 활동으로 훈련된 이들의 감성은 다양한 예술작품과 독특한 창작활동으로 이어지고 있다.

어릴 적의 문화·예술교육은
삭막한 지식논리 중심의 두뇌활동에
감성의 날개를 달아 준다.

전남도교육청도 문화·예술을 통해 아이들의 감성과 창의성을 길러주고자 감성 중심 교육을 펼치고 있다. 학교별·학년별 애송시와 애창곡 갖기, 학교축제 때 문화예술 프로그램 발표, 전문 예술인 활용 예술 수업, 학생·교원의 예술 활동, 중국 저장성·운남성과의 문화교류 등을 추진하고 있으며, 예술꽃 씨앗학교를 통해 농어촌 소규모 학교 학생들의 예술교육을 지원하고 있다.

교육을 통해 아이들에게 음악, 예술, 자연 탐방 등과 같은 체험의 장을 제공해야 하는 이유는 아이들이 자연을 담아내고 느낄 수 있는 마음 상태를 만들어 주기 위해서다. 유적지나 사찰에 현장체험을 갔을 때, 그냥 보이는 것만을 구경하고 오는 것이 아니라 유물에 담긴 뜻을 생각하고 숨겨진 역사를 찾아 이해하면 그 과정에서 감성도 풍부해질 수밖에 없다. 이때 아이들이 느낀 감정이나 감동 속에서 새로운 생각과 창의성이 나온다. 단순히 훑어보는 '시청視聽'보다는 깊게 들여다보는 '견문見聞' 중심의 교육을 추구하는 이유도 이 때문이다. 아이들 안에 있는 감성과 감동을 끄집어낼 수 있도록 도와주는 것이 바로 감성교육의 핵심이라고 할 수 있다. 특히 어릴 적의 문화·예술교육은 삭막한 지식논리 중심의 두뇌활동에 감성의 날개를 달아 준다.

우리 몸에 작은 종기가 생겼을 때, 그것이 생명에는 지장이 없다 해도 아픔을 느끼게 한다면 치료하는 것이 건강에 좋다. 조직의 건강도 마찬가지다. 구성원들에게 문제나 어려움이 있을 때, 그것이 당장 조직에 큰 피해를 주지 않는다 해도 그것에 관심을 갖고 함께 해결하려는 리더가 조직을 건강하게 만든다. 앞서 언급한 대로 감성적이라는 표현에는 상대의 감정과 기분을 이해하고 깊이 있게 소통할 수 있는 마음의 여유가 있다는 뜻이 내포되어 있다. 리더는 구성원들의 처지를 고려하고 그들의 생각을 이해할 수 있어야 한다. 그러려면 온몸이 살아있는 따뜻한 감성으로 뒤덮여야 한다. 머리만 있는 리더는 더 이상 훌륭한 리더가 아니다. 모든 사람들을 배려할 수 있는 마음가짐이 있어야 공동체를 이끄는 진정한 리더라고 할 수 있다.

딱딱한 지시나 강력한 주장은 생각하는 것만큼 조직에서 큰 힘을 발휘하지 못한다. 상황에 따른 적절한 말과 감동을 주는 배려, 웃을 수 있는 여유가 있는 사람이라야 구성원들과 감성주파수를 맞추는 좋은 리더가 될 수 있다. 오늘날 아이들에게 그 무엇보다 감성교육이 필요한 이유도 이 때문이다.

인간의 감성에서 창의성이 나오고 소통하는 힘, 배려하는 마음이 나온다. 혼자서 세상을 살아갈 수 없고 혼자서 혁신을 만들어 낼 수 없는 사회에서 아이들이 미래에 건강한 사회구성원으로, 존경받는 리더로 서기 위해서는 머리가 아닌 가슴이 자라는 교육에 더욱 집중해야 할 것이다. 미래사회는 감성 리더를 필요로 한다.

한 세대가 나무를 심으면
다음 세대는 그늘을 얻는다

우리는 해마다 봄이 되면 새로운 출발을 한다. 새 출발은 언제나 마음을 설레게 하고, 살아 있다는 기쁨을 주며, 다시 일어날 수 있는 용기를 주기도 한다. 그래서 봄은 해마다 인간의 세상에 어김없이 찾아와 희망의 수레를 힘차게 돌린다.

살아 있는 모든 것은 그 나름대로의 방식으로 끊임없이 움직이고 흐르며 새롭게 출발하는 등 변화를 반복한다. 대기의 흐름인 바람은 자연을 움직임으로써 살아 있다는 표현을 한다. 강물이 흐르다가 어김없이 출렁이는 것은 모두 살아 있기 때문이다. 이 세상에 살아 있는 것은 멈추거나 고정되어 있는 법이 없다. 죽은 듯 서 있는 나무들 속에서도 생명의 흐름이 계속되기에 제철이 오면 어김없이 새순을 밀어낸다. 변화한다는 것은 곧 살아 있다는 뜻이다.

우리의 삶도 변화와 움직임을 통해 새로워지고 건강해진다. 흐름이 멈추어 한 곳에 고이면 상하는 법, 이것이 생명의 원리다. 물질뿐 아니라 사람의 생각도 어느 한 곳에만 얽매여 갇혀있게 되면 더 이상의 성장이나 발전은 없다.

그래서 우리는 새로워지기 위해 무수한 출발을 한다. 출발은 언제나 열정과 변화를 동반한다. 흐르는 물이 무엇을 만나든 그 흐름을 헤치지 않고 자신의 길을 가는 것처럼, 우리도 더 나은 미래를 찾아 조금은 두렵더라도 끊임없이 새로운 출발을 해야 한다.

돌아보면 교육자로서 길을 걸으며 새로운 길을 개척할 때마다 나는 내 안의 두려움부터 다독여야 했다. 그럴 때마다 생각했다. 아무리 어렵고 험난한 산길이라도 내가 지나기 이전에 누군가는 이 길을 지나갔을 것이고, 아무리 가파른 고갯길이라도 나 이전에 누군가는 이 고개를 넘었을 것이라고. 세상에 아무도 걸어가지 않은 길은 없다고 믿었다.

그렇다. 길이 있다는 것은 먼저 간 사람이 있다는 의미다. 오늘 우리가 두려움을 안고 올바른 변화를 이끌어 내기 위해 고통을 수반해야 한다면 기꺼이 눈물로 씨앗을 심으리라. 뿌린 만큼 다음에 이 길을 걸어갈 누군가에게는 값진 열매가 주어질 것이다.

비가 오나 눈이 오나 나무가 사시사철을 버티는 이유는 자기 자신을 위해서가 아니다. 이제 막 꼼지락꼼지락 잎을 내밀기 시작하는 어린 나무들에게 꿋꿋이 버티는 모습을 보여주어야 하기 때문이다. 그래야 훗날 이 세상을 푸르른 나무들로 가득 채울 수가 있다.

우리의 교육도 마찬가지다. 어린 나무에게 보여주기 위해 참아내는 나무들의 굳건한 버팀처럼, 조금은 정체되어 있고 답답한 교육환경을 변화시키기 위한 지속적인 노력만이 아이들이 꿈과 끼를 마음껏 펼칠 수 있는 건강한 교육현장을 만들 수 있다고 생각한다.

굳어진 등걸에 새순 돋기가 비록 어렵고 더딜지라도 끊임없이 연구하고 노력해야 한다. 그리고 계속 되어야 한다. '한 세대가 나무를 심으면, 다음 세대는 그늘을 얻는다'는 말이 있다. 지금 당장, 여기서 내가 달콤한 열매를 맛볼 수 없을지라도 나는 다음 세대를 위한 씨앗을 계속해서 뿌려 나갈 것이다. 물론 이 일은 교육감인 나 혼자서는 할 수 없다. 학생과 교사, 학부모, 그리고 지역사회 구성원 모두가 함께 다음 세대를 그리며 나무를 심고 가꾸어 갈 때 가능할 것이다.

한 사람의 인생뿐 아니라 한 나라의 미래를 결정하는 교육이 올바른 방향으로 나아가기 위해서는 '누군가'의 노력이 아닌 바로 '나'의 노력이 필요하다. 희생 없는 발전은 없다는 것을 알기에 나는 다음 세대를 위해 길을 닦고 씨를 뿌리는 마음으로 이 길을 묵묵히 걸어갈 것이다. 지금은 손에 잡히는 열매가 없을지라도 옳은 방향으로 나아가기 위한 움직임을 멈추지 않는다면, 머지않아 행복한 교육이라는 값진 열매가 반드시 맺힐 것이라 믿는다.

공부는 왜 하는가

1판 1쇄 발행 2016년 9월 23일
1판 5쇄 발행 2017년 3월 25일

지은이 장만채

발행인 양원석
본부장 김순미
책임편집 진송이
표지디자인 이창욱
원고정리 배지혜
해외저작권 황지현
제작 문태일
영업마케팅 최창규, 김용환, 이영인, 정주호, 박민범, 이선미, 이규진, 김보영

펴낸 곳 ㈜알에이치코리아
주소 서울시 금천구 가산디지털2로 53, 20층(가산동, 한라시그마밸리)
편집문의 02-6443-8845　　**구입문의** 02-6443-8838
홈페이지 http://rhk.co.kr
등록 2004년 1월 15일 제2-3726호

ⓒ장만채, 2016, Printed in Seoul, Korea

ISBN 978-89-255-6015-1 (03370)